95

Rimas

Letras Hispánicas

Gustavo Adolfo Bécquer

Rimas

Edición
de
José Luis Cano

QUINTA EDICION

CATEDRA

EDICIONES CÁTEDRA, S. A. Madrid

Cubierta: Mauro Cáceres

© Ediciones Cátedra, S. A., 1979
Don Ramón de la Cruz, 67 - Madrid-1
Depósito Legal: M-6.660-1979
ISBN: 84-376-0052-9
Printed in Spain

Impreso en AGRESA
C/. Torrejón - Nave 8 - Políg. Las Fronteras
Torrejón de Ardoz - Madrid
Papel: Torras Hostench, S. A.

Índice

Introducción

La vida de Bécquer

Primeros años

La vida de Gustavo Adolfo Bécquer se puede contar en pocas páginas. No conocemos de él ni grandes aventuras, ni grandes viajes, ni grandes acciones. Bécquer es lo contrario de un rebelde, de un aventurero, de la idealizada imagen que nos hemos hecho del héroe romántico, y su vida se parece muy poco a la de un Byron o un Espronceda. Fue la suya una existencia herida por la enfermedad, la pobreza —aunque tuvo algunos períodos de bienestar— y el desengaño amoroso, que desgarró cruelmente su alma. Cuando conocemos la vida de Bécquer, el sentimiento que experimentamos nunca es de admiración o deslumbramiento, como nos ocurre con la de Goethe o Víctor Hugo, sino de una inmensa lástima, de una piedad infinita hacia aquella alma que sufrió con resignación estoica los golpes del destino más cruel.

Nacido en Sevilla el 17 de febrero de 1836, de una familia cuyos ascendientes habían llegado de Flandes a la capital andaluza en el siglo XVII, su infancia debió de ser triste y melancólica, pues siendo muy niño perdió a sus padres, quedando huérfano a los diez años. Durante año y medio estudió en el Colegio de San Telmo, y cuando éste fue suprimido en 1847, el mismo año en que muere su madre, su madrina, doña Manuela Monahay, lo

11

recoge en su casa —hogar burgués de una dama muy culta—, y allí tiene lugar el primer encuentro de Bécquer con lo maravilloso: una espléndida biblioteca que devora en pocos meses, y donde están, ricamente encuadernadas, las obras de Víctor Hugo, de Musset, de Chateaubriand, de Byron, de Balzac, de Hoffmann, de Espronceda... A los doce años, un niño aún, escribe Bécquer su primer poema, una *Oda a la muerte de Alberto Lista,* a la moda retórica de la época. Ya entonces sueña con ser poeta, aunque hay un momento de su adolescencia en que parece que su carrera va a ser la de pintor, pues pintor era su padre, y pintores su hermano mayor, Valeriano, a quien siempre se sintió unido, y su tío Joaquín, en cuyo taller estudió dibujo el joven Gustavo. Su amigo Julio Nombela lo evoca en sus *Memorias,* en aquella época de su vida, como «un muchacho ingenuo, soñador y romántico». La pintura, la poesía, los estudios de·humanidades, las lecturas de autores románticos y clásicos, y los paseos solitarios o con otros muchachos de su edad por las orillas del Guadalquivir, llenaban sus horas, melancólicas hora ˉde poeta adolescente. Diez años más tarde, ya en Madrid, lejos de su Sevilla natal, evocará Bécquer, en una de sus *Cartas literarias a una mujer,* aquellos paseos por las márgenes del Guadalquivir, a la sombra de los álamos o bogando en barca por la corriente del río, mientras leía a los poetas clásicos sevillanos, como Rioja o Herrera, cuando «su imaginación estaba llena de las risueñas fábulas del mundo clásico, y soñaba una vida independiente y dichosa, esa vida tranquila del poeta que irradia con suave luz de una en otra generación». Allí, en aquellas orillas amadas, deseó Bécquer que le enterrasen: «una piedra blanca —nos dice— con una cruz y un nombre, serían todo el monumento». Pero ni tuvo aquella vida dichosa que soñaba, ni yacen hoy sus restos junto al río de su infancia, aunque no lejos de él.

En busca de la gloria. Madrid

Desde muy joven soñaba Bécquer con ir a Madrid, en busca de la gloria literaria que Sevilla no podía ofrecerle. No tardó en realizar su sueño. En 1854, sin más armas que su pasión por la poesía y el arte, y un puñado de versos, deja su ciudad y llega a la Villa y Corte con la ilusión de un joven de dieciocho años que aspira a triunfar en las letras. La llegada de Bécquer a Madrid coincide con la coronación del poeta Manuel José Quintana como príncipe de la Poesía. Bécquer colabora en la *Corona poética* que se publica en homenaje a Quintana, entonces en el apogeo de su gloria. Pero todos sus sueños no tardan en derrumbarse. La gloria que ambicionaba se trocó pronto en el más cruel de los desengaños: ni gloria, ni dinero, sino pobreza y enfermedad, sufrimientos y desgracias. No por ello, sin embargo, se hundió el espíritu de Bécquer, al verse pobre, enfermo y desconocido en la Corte. Él era poeta, y vivía de sus sueños y para sus sueños. Soñaba, sobre todo, con un gran proyecto literario, una *Historia de los templos de España,* inspirada en *El genio del cristianismo,* de Chateaubriand, y a este proyecto consagraba muchas de sus horas madrileñas. Sólo una pasión le sacaba de estos sueños literarios: la música. «Por oír —nos dice Nombela en sus *Memorias*— una sonata de Mozart, una sinfonía de Beethoven, una fuga de Bach o una romanza sin palabras de Mendelssohn, habría hecho todo género de sacrificios.» Afortunadamente, esa pasión no le costaba dinero. Tenía un amigo pianista, Lorenzo Zamora, en cuya casa se pasaba noches enteras oyéndole tocar. Su espíritu se alimentaba así de arte y de ensueños, pero su débil cuerpo enfermaba de hambre. Son esos años 1855, 1856, de tremenda angustia económica para Bécquer. Uno de sus amigos de entonces, Narciso Campillo, evocará, ya muerto el poeta, lo que fueron «aquellos días sin pan, noches sin asilo y sin sueño, padecimientos físicos y congojas morales». Para poder comer, Bécquer escribe artículos, que publica en *El Porvenir,* en *La España musical y literaria,* en *El Correo de la Moda,* y compone, firmando con seudónimo y en colaboración con un amigo, adaptaciones de teatro extranjero, del francés principalmente. Una de estas adaptaciones, la zarzuela *La Cruz del Valle,* provocó un terrible ataque del crítico Juan de la Rosa González, en la revista *Iberia,* contra la costumbre de ciertos «aprovechados» de «desenterrar comedias y dramas del repertorio francés, ya traducidos y representados, convirtiéndolos en zarzuelas más o menos aceptables, pero que vienen a producir a los exhumadores grandes ventajas, puesto que cobran el mismo tanto por ciento que por las obras originales». Pero, además, seguía atacando el señor De la Rosa González, tales arregladores del teatro francés ocultan su verdadero nombre, firmando con seudónimo las adaptaciones. «Esto es lo que se llama tirar la piedra y esconder la mano, o buscar el tanto por ciento con careta. El neocatolicismo —terminaba el señor De la Rosa su ataque— ha invadido también el teatro.» La puñalada iba directamente contra Bécquer, pues el crítico conocía, por supuesto, que era éste, en colaboración con su amigo García Luna, el autor de la zarzuela *La Cruz del Valle.* Bécquer se defendió con una noble carta dirigida al crítico, que apareció también en *Iberia,* y que fue descubierta por el hispanista Robert Pageard, publicándola en el *Bulletin Hispanique.* Por su gran valor autobiográfico, vamos a transcribir algunos párrafos de esta interesante autodefensa de Bécquer: «Yo no sé si por mi buena o mala ventura me dediqué muy joven a las letras, pero sí que lo hice por necesidad. Comencé por donde comienzan casi todos: por escribir una tragedia clásica y algunas poesías líricas. Esto es lo que, en lenguaje técnico, llamamos pagar la patente de inocencia. La primera la guardo; de las segundas se publicaron varias. Aunque yo tengo para mí que la poesía lírica española sería una de las primeras del mundo si con ella se comiese o a sus autores se premiase de algún modo, nunca abrigué la presunción de creerme el llamado a sacar provecho de un género que abandonaban Tassara, Ayala, Selgas. Andando algún tiempo, emprendí la publicación de la *Historia de los Templos de España*. Para llevar a cabo este proyecto era preciso luchar con grandes dificultades materiales y hacer estudios superiores a mi edad y ajenos a mi inclinación. Logré vencer las primeras, y la Prensa en general emitió un juicio, que considero benévolo, sobre los segundos... Más tarde se me presentó la ocasión de escribir artículos literay críticos. El señor De la Rosa debe saber el periódico en que aparecieron, y aún me ruborizo de los inmerecidos elogios que por entonces me dirigió. Escasamente mes y medio me ocupé en estos trabajos, que también tuve que abandonar por causas enteramente ajenas a mi buen deseo de no buscar el tanto por ciento con careta... La política y los empleos, últimos refugios de las musas en nuestra nación, no entraban en mis cálculos ni en mis aspiraciones. Entonces pensé en el teatro y en la zarzuela...» Y la carta termina: «Yo, sin embargo, que, aun cuando en esta senda (se refiere Bécquer a la adaptación de obras extranjeras) me han antecedido muchos escritores de primer orden, no creo que es la que conduce a la inmortalidad, al poner en ella el pie tuve rubor y me tapé la cara. Ahora bien: yo no sé qué quiere decir neocatólico en literatura; pero si todo el que como yo lucha un año y otro por buscar la gloria en su terreno, y protesta como puede cuando se ve obligado a descender a otro, lo es, por mi parte acepto la calificación.»

Esta carta, tan digna y sincera, nos revela cuán dura era la lucha literaria que hubo de sostener Bécquer, y cómo sabía separar su creación literaria pura —sus poesías, sus leyendas— de la obra que hacía exclusivamente para ganarse la vida. Pero estos trabajos intensos y las recientes privaciones acabaron dañando gravemente su naturaleza delicada. La tuberculosis se apoderó de él, y ya no le abandonó hasta su muerte, aunque en apariencia volviera a recuperar su salud. Entre 1857 y 1858 estuvo muy enfermo, salvándose gracias a los cuidados de su hermano Valeriano, que ya vivía en Madrid, y de sus amigos, entre ellos Nombela y García Luna. La enfermedad fue larga, y cuando se levantó —recuerda Nombela en sus *Memorias*— «parecía un cadáver». Durante la convalecencia solía pasear por el Retiro con sus amigos, o por las calles madrileñas. Una tarde paseando con Nombela por la calle de la Flor Alta, vio asomada a un balcón a una bellísima joven, por la que se sintió inmediatamente atraído. Se llamaba aquella joven Julia Espín, y era hija de un músico, don Joaquín Espín y Guillén, profesor del Conservatorio y director de la Orquesta Real. Tras esa primera visión de Julia, en el otoño de 1858, un amigo del poeta y de la familia Espín, Ramón Rodríguez Correa, introdujo a Gustavo en las veladas musicales que tenían lugar en la casa de aquella familia de artistas —Julia se distinguió como cantante y su hermano Joaquín, como músico—. Bécquer no tardó en enamorarse profundamente de Julia Espín, pero, al parecer, aquel amor no fue correspondido del todo. Las *Rimas* nos revelan que Bécquer sufrió terriblemente con aquella pasión. En no pocas de ellas dominan las notas de amargura, de dolor y desesperación por la honda herida que se abrió en el corazón del poeta. No hay duda de que Julia le traicionó, prefiriendo a otro hombre, como se trasluce en algunas de las rimas, como ésta:

Cuando me lo contaron sentí el frío
de una hoja de acero en las entrañas;
me apoyé contra el muro, y un instante
la conciencia perdí de donde estaba.
Cayó sobre mi espíritu la noche;
en ira y en piedad se anegó el alma...
¡Y se me reveló por qué se llora,
y comprendí una vez por qué se mata!
Pasó la nube de dolor... con pena
logré balbucear breves palabras...
¿quién me dio la noticia...? Un fiel amigo...
Me hacía un gran favor... Le di las gracias.

O en esta otra:

Me ha herido recatándose en las sombras,
sellando con un beso su traición.
los brazos me echó al cuello y por la espalda
partióme a sangre fría el corazón.

Y ella prosigue alegre su camino
feliz, risueña, impávida, ¿y por qué?
Porque no brota sangre de la herida,
porque el muerto está en pie.

La ruptura del poeta y Julia debió de producirse a fines de 1860 o comienzos de 1861. A este momento corresponden sin duda los versos de otra rima:

Como se arranca el hierro de una herida
su amor de las entrañas me arranqué
aunque sentí al hacerlo que la vida
me arrancaba con él [1].

Una breve temporada en Veruela calmó algo su dolor. Y quizá para olvidar del todo a Julia cometió el más grave error de su vida: casarse con una mujer a la que no amaba, Casta Esteban, hija de un médico, a la que había conocido dos años antes de su ruptura con Julia.

---

[1] La leyenda de una Elisa Guillén inspiradora de las *Rimas*, creada por F. Iglesias Figueroa, ha sido rotundamente desechada como apócrifa por Rafael Montesinos en su reciente libro *Bécquer. Biografía e imagen*. Según Montesinos, la figura de Elisa Guillén y la publicación de la rima *A Elisa* como de Bécquer, así como unas cartas de éste a Elisa, fueron sólo una superchería literaria de F. Iglesias Figueroa, confesada por éste al mismo Montesinos. Aunque seguimos la tesis de Rafael Montesinos en su libro, cuesta trabajo considerar apócrifas las cartas de Bécquer a la supuesta Elisa, y no sin pena hemos eliminado de esta edición la bella rima *A Elisa,* que según Iglesias Figueroa fue escrita por él para su mujer, Elisa Pérez Luque, publicándola posteriormente, como de Bécquer, en el tomo II de sus *Páginas desconocidas de Gustavo Adolfo Bécquer* (1923). ¿Se demostrará algún día que no hubo tal superchería por parte de Fernández Figueroa, y que Elisa realmente existió? Dejemos a los becquerianistas la respuesta.

La rapidez con que se concertó el matrimonio, que se celebró el 18 de mayo de 1861, parece demostrar que, como escribió Nombela, Bécquer «no se casó, sino que lo casaron». Acaso Bécquer pensó encontrar en en un nuevo hogar feliz la tranquilidad que necesitaba para su obra y el bálsamo que podría cicatrizar su herida. Pero Casta era una mujer vulgar, incapaz de comprenderle y amarle. Pocos años duró la tranquilidad en el hogar de los Bécquer, aumentado pronto con dos hijos, Gustavo Adolfo Gregorio, nacido el 9 de mayo de 1862, y Jorge Luis, nacido el 17 de septiembre de 1865. El matrimonio no se entendía, y Bécquer se refugiaba en su trabajo o escapaba a la soledad de Toledo, su ciudad preferida, en cuanto tenía algún dinero, a veces con su hermano Valeriano. Son esos primeros años de su matrimonio, de 1861 a 1865, los de más intensa producción literaria de Bécquer. Escribe entonces la mayoría de sus leyendas, crónicas periodísticas, las *Cartas literarias a una mujer*... En 1864 pasó una larga temporada con Valeriano en el monasterio de Veruela, y en la soledad de aquellas viejas piedras escribe sus *Cartas desde mi celda*. Por una de ellas sabemos que Bécquer pasaba entonces por una etapa de total desengaño, resignado estoicamente a una existencia sin gloria y sin dicha. Tenía sólo veintiocho años y se sentía viejo, presintiendo que le quedaban pocos años de vida: «Seguramente que deseo vivir, porque la vida, tomándola tal como es, sin exageraciones ni engaños, no es tan mala como dicen algunos; pero vivir oscuro y dichoso en cuanto es posible, sin deseos, sin inquietudes, sin ambiciones, con esa felicidad de la planta que tiene a la mañana su gota de rocío y su rayo de sol; después un poco de tierra... blando y floja que no ahogue ni oprima; cuatro ortigas, un cardo silvestre y alguna hierba que me cubra con su manto de raíces, y, por último, un tapial que sirva para que no aren en aquel sitio ni remuevan los huesos. He aquí hoy por hoy todo lo que ambiciono...»

En 1865 algo debió de halagar a Bécquer que un ministro, González Bravo, le llamara para ofrecerle un puesto que se hallaba, además, muy bien pagado: el de censor de novelas, con un sueldo de veinte mil reales, que era mucho entonces. Ello suponía para Bécquer una posición económica desahogada, por primera vez en su vida, sin apuros ni necesidades. Dejó los compromisos periodísticos, y volvió a sus leyendas y a sus rimas, algunas de las cuales publicó en *El Museo Universal*. Pero la revolución de 1868 alejó a González Bravo del Ministerio, y Bécquer perdió su puesto de censor de novelas, volviendo a su pobreza. Ese mismo año tiene lugar la ruptura definitiva con Casta, al enterarse de las relaciones de su mujer con un notario de Noviercas. Bécquer se lleva a sus hijos consigo y junto con Valeriano y los suyos se instala en Toledo, donde termina el manuscrito de las *Rimas,* en un cuaderno que titula *El libro de los gorriones,* descubierto en 1914 por el hispanista alemán Franz Schneider en la Biblioteca Nacional de Madrid, donde aún se conserva.

A fines de 1869 regresa Bécquer a Madrid con Valeriano, llamados ambos por otro político admirador del poeta, Eduardo Gasset y Artime, que desea fundar una revista de gran categoría: *La Ilustración de Madrid*. En enero de 1870 sale el primer número, figurando Bécquer como director, y Valeriano como dibujante. Pero pocos meses iba a durar la colaboración de los dos hermanos en la nueva revista. En septiembre murió Valeriano, y esta pérdida del hermano y colaborador inseparable le afectó profundamente, hasta el punto de que, sintiéndose sin fuerzas para cuidar solo de los hijos, permitió que Casta regresara al hogar a los pocos días de morir Valeriano. Pero Bécquer estaba ya herido de muerte, y lo sabía. Una tarde se presentó en casa de su amigo Narciso Campillo, y le dije: «Estoy haciendo la maleta para el gran viaje. Dentro de poco me muero...

Liados en este pañuelo vienen mis versos y prosas. Corrígelos, como siempre; acaba lo que no esté concluido, y si antes me entierran, tú publicas lo que te guste y en paz.» Pocos días antes de morir quemó delante de su amigo Augusto Ferrán un paquete de cartas, seguramente de Julia, la musa de sus *Rimas*. Fue una tarde helada de diciembre cuando Bécquer cayó fulminado para no levantarse más. El 22 de ese mes, a las diez de la mañana, moría el poeta en el piso de Claudio Coello que le había proporcionado Ferrán, rodeado de su mujer y de sus hijos. Con él se apagaba la voz de un lírico esencial, a quien Antonio Machado llamó «el ángel de la verdadera poesía». Sus amigos —Narciso Campillo, Augusto Ferrán, Rodríguez Correa y otros— recogieron sus manuscritos y publicaron al año siguiente la primera edición de sus rimas y prosas, en dos volúmenes, con un prólogo de Rodríguez Correa.

La poesía de Bécquer

Bécquer y el Romanticismo

Cuando en 1836 nace Bécquer, la primera generación romántica, la del duque de Rivas y Martínez de la Rosa, está dejando ya paso a la segunda, cuyas figuras principales son Espronceda, Zorrilla, Tassara, Pastor Díaz, Enrique Gil y Gertrudis Gómez de Avellaneda. Todos ellos nacen entre 1808 y 1818, y son ya conocidos como poetas cuando aparece Bécquer. Al año siguiente del nacimiento de Gustavo Adolfo, en 1837, publica Zorrilla su primer volumen de poesía. Bécquer pertenece, pues, a una generación romántica tardía, que llega a la escena literaria cuando el Romanticismo ha perdido todo su vigor y vive de tópicos. Es la misma generación de Carolina Coronado, de Eulogio Florentino Sanz, el traductor de Heine; de Manuel del Palacio, de Núñez de Arce, de Wenceslao Querol —que nace el mismo año que Bécquer— y, en fin, de Rosalía de Castro, nacida un año después. Esta generación, que algunos llaman posromántica, escribe ya con otro tono, muy distinto del que empleaban los románticos de 1840. Un tono —salvo en el caso de Núñez de Arce, siempre altisonante— de una mayor intimidad, menos retórico y pomposo. Se busca ahora conmover al lector no con gestos sonoros y desesperados a lo Espronceda, sino con voz más bien velada y melancólica, teñida a veces de una suave ironía.

Es la voz herida y trémula de Rosalía, de Bécquer. El poeta de las *Rimas* llega a la escena literaria española en el momento más oportuno: cuando hay que retorcer el cuello al cisne retórico y pomposo del Romanticismo agonizante. Su papel, pues, y su objetivo, fueron semejantes a los que al comenzar nuestro siglo iban a desarrollar Antonio Machado y Juan Ramón Jiménez, cada uno por su lado, con el modernismo sonoro y colorista que había impulsado Rubén.

Bécquer y Heine. Influencias

Durante algún tiempo se ha solido explicar a Bécquer como un afortunado imitador de Heine, el gran romántico alemán. Pero, naturalmente, que Bécquer imitara alguna vez a Heine no explica el misterio de su poesía. También imitó otras veces o se inspiró en otros poetas, como los críticos han demostrado: no sólo a poetas extranjeros, Lamartine, Musset, Byron, Poe, etc., sino a poetas españoles como Eulogio Florentino Sanz, José María de Larrea o su amigo Ferrán. No hay poeta, por muy grande que sea, que no haya recibido influjos de poetas anteriores o contemporáneos. Rubén Darío comenzó, a los quince años, imitando a Campoamor y a Zorrilla. Y nuestro García Lorca se dejó influir en sus comienzos por Rubén, y en sus *Impresiones y paisajes,* su primer libro, por el Bécquer prosista de las leyendas y crónicas de viajes. El poeta auténtico acaba superando pronto esos ecos iniciales y cuajando en una voz poética personal. Por ello la crítica más moderna y seria sobre Bécquer —la de Dámaso Alonso, la de Gamallo Fierros, la del uruguayo José Pedro Díaz— ha seguido otra dirección, admitiendo aquellos ecos, pero tratando de explicar la aparición de Bécquer y de sus *Rimas* en la poesía española del xix como un resultado natural de un cierto movimiento prebecqueriano en el que culmina un proceso de depuración del Romanticismo. Ese movimiento, que se inicia a mediados de siglo, se separa de la escuela romántica en cuanto huye, como antes dijimos, de la retórica típica del romanticismo triunfante en 1840: retórica altisonante y colorista, que gusta de cantar temas orientales y heroicos, de rebelión social, o motivos medievales y sepulcrales, alzando la voz o tiñéndola de lúgubre acento. Por el contrario, los prebecquerianos buscan una voz en tono menor, una expresión más íntima y melancólica, aunque a veces cobre un tono apasionado y desgarrado en la cuerda amorosa.

Clima prebecqueriano

En ese movimiento, en ese clima prebecqueriano —en el que habría que citar sobre todo a poetas como José María de Larrea, José Selgas, Eulogio Florentino Sanz y Augusto Ferrán, traductores de Heine estos dos últimos, y a los chilenos Guillermo Mata y Guillermo Bleist, que publican en Madrid antes que Bécquer—, es evidente la influencia del romanticismo alemán, y de él la línea antirretórica que encarnaba esencialmente Heine. Está perfectamente demostrado que Heine influyó en los poetas prebecquerianos citados, y asimismo que influyó en Bécquer, ya directamente —hay críticos que creen que Bécquer conocía algo del idioma alemán—, ya a través de las versiones francesas de Heine que publicó Gerard de Nerval, y desde luego a través de las versiones españolas que realizó Eulogio Florentino Sanz, de quien Bécquer era amigo. Ocurre, además, que el tipo de estrofa que suele usar Bécquer en sus *Rimas* y que sirve tan maravillosamente de cauce al sentimiento becqueriano es el mismo, o al menos muy parecido, al que utilizó Eulogio Florentino Sanz en sus versiones castellanas de Heine.

Ahora bien: no es posible explicar la aparición de un poeta tan hondo y personal como Bécquer sólo por esa previa corriente germanizante e intimista. Los prebecquerianos apuntaban un camino, y ese camino, puente hacia la poesía moderna, es el que supo escoger Bécquer, pero poniendo en él lo que no se aprende: su enorme sensibilidad de artista. Esa sensibilidad es la que le permitió lograr en su poesía una extraña y afortunada mezcla, clave, sin duda, del hechizo de sus *Rimas.* Nos referimos al cruce de aquella influencia nórdica, heiniana, intimista, con la tradición popular del cantar andaluz, al que tan aficionado fue Bécquer desde muchacho. Las *Rimas* de Bécquer alcanzan a fundir armoniosamente esos dos elementos, al parecer tan ajenos: el romanticismo alemán, encarnado en Heine, y lo popular andaluz: es decir, la balada y la copla, el lied y la soleá. En más de una ocasión escribió Bécquer con entusiasmo sobre el cantar andaluz. A él se refiere —y también a su propia poesía— cuando en el prólogo al libro de cantares *La soledad,* de su amigo Augusto Ferrán, escribe, después de aludir a la poesía culta y cuidada: «...Pero hay otra poesía natural, breve, seca, que brota del alma como una chispa eléctrica, que hiere el sentimiento con una palabra y huye, y desnuda de artificio, desembarazada dentro de una forma libre, despierta, con una que las toca, las mil ideas que duermen en el océano sin fondo de la fantasía...» «Las poesías de este libro —añade Bécquer refiriéndose a los cantares de Ferrán— pertenecen al último de los dos géneros, porque son populares, y la poesía popular es la síntesis de la poesía.»

Sabemos, por otra parte —nos lo cuenta Nombela en sus *Memorias*—, que Bécquer escribió algunos cantares, a los que un amigo suyo puso música de soleares y seguidillas, y de ese modo aquellos cantares del autor de las *Rimas* llegarían a cantarse anónimamente en Andalucía, sin saberse quién los había compuesto, como ocurría en nuestro Siglo de Oro con ciertas canciones de Lope o de Góngora, y en el nuestro con versos de García Lorca o de Machado. Pero, además, el mismo Bécquer llama en una ocasión con ese nombre de *cantares* a sus poesías. En la tercera de sus *Cartas desde mi celda,* al imaginar su tumba a la orilla del Guadalquivir, escribe que acaso echará una flor sobre ella «una mujer enamorada que halló en mis cantares un rasgo de esos extraños fenómenos del amor que sólo las mujeres saben sentir y los poetas descifrar». Claro es que en esa revalorización de lo popular, Bécquer seguía también el ejemplo de los románticos alemanes, que daban a lo popular categoría poética. En el prólogo a *La soledad,* de Ferrán, que acabamos de citar, escribe Bécquer estas palabras: «En algunos países, en Alemania sobre todo, esta clase de canciones —se refiere a las populares— constituyen un género de poesía. Goethe, Schiller, Uhland, Heine, no se han desdeñado de cultivarlo; es más, se han gloriado de hacerlo.» Y, en efecto, Bécquer no sólo escribió algunos cantares andaluces, sino incluso algunas rimas en las cuales encontramos esos rasgos que caracterizan al cantar popular andaluz: la concisión, la queja desgarrada, el tono directo, dramático, hondo. Bastará citar dos breves ejemplos:

> *Por una mirada, un mundo;*
> *por una sonrisa, un cielo;*
> *por un beso, yo no sé*
> *qué te diera por un beso.*

> *Porque son, niña, tus ojos*
> *verdes como el mar, te quejas;*
> *quizá si negros o azules*
> *se tornaran, lo sintieras.*

El elemento biográfico. Historia de una pasión

Conocemos ya el acierto de la técnica expresiva de Bécquer al fundir de modo original la influencia de los románticos alemanes con la revalorización de la poesía popular andaluza. Pero aún debemos señalar otros rasgos de la lírica becqueriana. Con sus *Rimas,* Bécquer acaba con la retórica romántica, con el estilo rico y ornamental, y nos ofrece una poesía desnuda, directa, libre de toda pompa y de todo vano ropaje. Y es que Bécquer escribe sólo cuando su alma necesita expresar irrefrenablemente sus sentimientos y sus sueños. Pues para Bécquer la poesía era, ante todo —como más tarde para Machado, —sentimiento, no artificio. Era cosa más del alma que del cerebro, aunque la razón hubiese de intervenir en el poema ordenando la llama inspiradora. Bécquer pensaba, y así lo solía decir a sus amigos, que «no se debe escribir sino cuando el espíritu siente la necesidad de dar a luz lo que ha creado en las entrañas».

Pero es que, además, en la poesía de Bécquer se advierte una intensificación del elemento biográfico personal. Es verdad que la gran revolución de la poesía romántica fue ésa: llevar la intimidad, la propia vida del poeta a la poesía —aunque no otra cosa había ya hecho Lope—, pero, en general, los románticos solían mezclar la propia experiencia vital con lo fantástico y lo decorativo, porque era una condición del romántico el llamar la atención del público, de modo que no era fácil a veces deslindar lo que había en sus obras de experiencia humana y de creación imaginativa y fantástica. Mientras que en las *Rimas* de Bécquer, al menos en la mayoría de ellas, lo que está latiendo es la vida misma del poeta, su alma apasionada. Las *Rimas* son, en efecto, como se ha dicho muchas veces, la historia de un corazón, con sus pasiones, sus amarguras, sus penas y desengaños, y también sus momentos de gozo.

El gran acierto, pues, de Bécquer, su trascendente aportación a la lírica española —con él comienza, en efecto, nuestra poesía contemporánea— es, de un lado, el haber llevado su intimidad, en carne viva, a sus versos, de modo que el lector que toque esos versos está tocando el dolor y la tragedia de un hombre; y de otro, el haber sabido expresar ese dolor, esa historia íntima de amor y sufrimiento, en una forma original, desnuda de artificio, y de una sobria y directa belleza, que nada tenía que ver ya con la retórica romántica a la que el lector estaba acostumbrado, pero de la que empezaba a cansarse, al comprobar sus tópicos. Esa nueva forma consistía en poemas generalmente muy breves, de dos, tres o cuatro estrofas, las suficientes para expresar ceñidamente el pensamiento poético, sin desarrollarlo del todo a veces, sino dejándolo en el aire, como una queja o un grito lastimero, como el punzante bordón de una guitarra. Es una técnica semejante a la del cantar popular: encerrar en cuatro o cinco versos un contenido intenso y dramático, sin decir nunca más de lo necesario. Bécquer escoge para sus *Rimas* una forma libre de esclavitudes métricas. Casi nunca emplea la consonancia, sino la asonancia —el verso libre no podía vislumbrarlo aún— en breves estrofas de cuatro, cinco o seis versos, mezclando el heptasílabo con el pentasílabo o el endecasílabo, y haciendo recaer la rima sólo en los versos pares, como el viejo romance español. Bécquer pudo decir, como el gran Antonio Machado, que tanto le admiraba:

> *Prefiero la rima pobre,*
> *la asonancia indefinida.*
> *Cuando nada cuenta el canto*
> *acaso huelgue la rima.*

La forma en Bécquer huye, pues, de la estrofa lujosa y sonora. Prefiere ceñirse desnudamente, como la piel al hueso, al sentimiento expresado. Lo cual no quiere decir que Bécquer no conociera bien la técnica poética. No hay gran poeta sin dominio de su arte. Pero este arte era en Bécquer sobrio, ceñido. Si con frecuencia utiliza en sus breves estrofas el recurso estilístico del verso de pie quebrado, que ya usara Jorge Manrique en sus famosas *Coplas a la muerte de su padre,* es para dar una impresión de anhelo truncado, de desfallecimiento, de algo que se rompe o se queja, que responde al contenido íntimo y doliente y al efecto insinuante que el poeta quiere dar a sus versos. Como en esta bella rima:

> *Cuando sobre el pecho inclinas*
> *la melancólica frente,*
> *una azucena tronchada*
> *me pareces.*

> *Porque a! darte la pureza,*
> *de que es símbolo celeste,*
> *como a ella te hizo Dios*
> *de oro y nieve.*

No ha sido mi propósito —ni ello sería oportuno en esta edición— hacer un estudio estilístico de las *Rimas* de Bécquer, sino dar sólo una imagen, una impresión de su poesía. Por otra parte, después de los miles de páginas que se han escrito para analizar el contenido y la forma de las *Rimas,* para estudiar sus fuentes o su técnica, ¿sabemos acaso más de su rumoroso secreto, de su inefable música? El hechizo penetrante de las *Rimas* becquerianas sigue siendo, cada vez que volvemos a leerlas, puro misterio, como misterio es toda poesía. Tampoco Bécquer creía mucho en los análisis estilísticos. En la primera de las *Cartas literarias a una mujer* nos confiesa: «Sobre la poesía no ha dicho nada casi ningún poeta; pero en cambio hay bastante papel borrado por muchos que no lo son. El que la siente se apodera de una idea, la envuelve en una forma, la arroja en el estudio del saber, y pasa. Los críticos entonces se lanzan sobre esa forma, la disecan, y creen haberla comprendido cuando han hecho su análisis. La disección podrá revelar el mecanismo del cuerpo humano, pero los fenómenos del alma, ¿cómo se estudian en un cadáver?» Dejemos, pues, las *Rimas* de Bécquer en su desnudo y trémulo misterio, y limitémonos a leerlas de nuevo, para que ellas nos conmuevan una vez más.

Poética

La poesía es el sentimiento; pero el sentimiento no es más que un efecto, y todos los efectos proceden de una causa más o menos conocida. ¿Cuál lo será? ¿Cuál podrá serlo de este divino arranque de entusiasmo, de esta vaga y melancólica aspiración del alma, que se traduce al lenguaje de los hombres por medio de sus más suaves armonías, sino el amor?

* * *

Todo el mundo siente. Sólo a algunos seres les es dado el guardar, como un tesoro, la memoria viva de lo que han sentido. Yo creo que éstos son los poetas. Es más, creo que únicamente por esto lo son.

* * *

Hay una poesía magnífica y sonora; una poesía hija de la meditación y el arte, que se engalana con todas las pompas de la lengua, que se mueve con una cadenciosa majestad, habla a la imaginación, completa sus cuadros y la conduce a su antojo por un sendero desconocido, seduciéndola con su armonía y su hermosura.

Hay otra natural, breve, seca, que brota del alma como una chispa eléctrica, que hiere el sentimiento con una palabra y huye, y desnuda de artificio, desembarazada dentro de una forma libre, despierta, con una que las toca, las mil ideas que duermen en el océano sin fondo de la fantasía.

La primera tiene un valor dado: es la poesía de todo el mundo.

La segunda carece de medida absoluta; adquiere las proporciones de la imaginación que impresiona: puede llamarse la poesía de los poetas.

La primera es una melodía que nace, se desarrolla, acaba y se desvanece.

La segunda es un acorde que se arranca de un arpa, y se quedan las cuerdas vibrando con un zumbido armonioso.

Cuando se concluye aquélla se dobla la hoja con una suave sonrisa de satisfacción.

Cuando se acaba ésta se inclina la frente cargada de pensamientos sin nombre.

La una es el fruto divino de la unión del arte y de la fantasía.

La otra es la centella inflamada que brota al choque del sentimiento y la pasión.

* * *

El pueblo ha sido, y será siempre, el gran poeta de todas las edades y de todas las naciones. Nadie mejor que él sabe sintetizar en sus obras las creencias, las aspiraciones y el sentimiento de una época.

La poesía popular es la síntesis de la poesía.

Bibliografía

ALGUNAS EDICIONES DE BÉCQUER

Obras, 1.ª edición, Madrid, Fortanet, 1871, 2 vols. Prólogo de Ramón Rodríguez Correa.

Obras, 2.ª edición, Madrid, Fernando Fe, 1877, 2 volúmenes. Edición «aumentada y corregida».

Obras, 3.ª edición, Madrid, Fernando Fe, 1881, 2 volúmenes. «Aumentada y corregida.»

Obras, 4.ª edición, Madrid, Fernando Fe, 1885, 3 volúmenes. «Aumentada y corregida con varias poesías y leyendas.»

Obras, 5.ª edición, Madrid-Sevilla, Fernando Fe, 1893, 3 volúmenes.

Páginas desconocidas de Gustavo Adolfo Bécquer, recopiladas por Fernando Iglesias Figueroa, 3 tomos. Madrid, Renacimiento (1923).

Obras completas, Madrid, Aguilar, 1934. Con un prólogo de Serafín y Joaquín Álvarez Quintero. La última reedición —décima— es de 1961 y conserva el prólogo de los Quintero.

La recopilación es de Dionisio Gamallo Fierros.

Rimas. Con un poema de Rafael Alberti y una prosa de Juan Ramón Jiménez. Buenos Aires, Pleamar, 1944.

Obras completas. Edición de M. Sanmiguel, prólogo de Mariano Sánchez de Palacios. Madrid, Afrodisio Aguado, 1949.

Obras. Edición, prólogo y notas de Guillermo Díaz-Plaja, Barcelona, Vergara, 1962.

Rimas. Edición de José Pedro Díaz, Madrid, Espasa-Calpe, Col. Clásicos Castellanos, 1963.

Rimas. Edición de Rafael de Balbín y A. Roldán, Madrid, Rialp, 1969.

Teatro de Gustavo Adofo Bécquer. Edición, estudio preliminar, notas y apéndices de Juan Antonio Tamayo, Madrid, C.S.I.C., 1949.

Rimas. Edición de Juan Manuel Díaz Taboada, Madrid, Ediciones Alcalá, Col. Aula Magna, 1965.

Rimas. Edición de Robert Pageard, Madrid, C.S.I.C., Colección Clásicos Hispánicos, 1972.

BIOGRAFÍAS DE BÉCQUER

CAMPILLO, Narciso: Gustavo Bécquer, en *La Ilustración de Madrid,* Madrid, 12 de enero de 1871. Reproducida en la edición de *Páginas desconocidas* de Bécquer, hecha por Iglesias Figueroa.

LÓPEZ NÚÑEZ, Juan: *Bécquer. Biografía anecdótica,* Madrid, Mundo Latino, 1915.

JARNÉS, Benjamín: *Doble agonía de Bécquer,* Madrid, Espasa-Calpe, 1936.

PALACIO, Eduardo del: *Pasión y gloria de Gustavo Adolfo,* Madrid, Libros y Revistas, 1947.

LEÓN, María Teresa: *El gran amor de Gustavo Adolfo Bécquer. Una vida pobre y apasionada,* Buenos Aires, Losada, 1951.

SANDOVAL, Adolfo de: *El último amor de Bécquer,* Barcelona, Juventud, 1951.

BROWN, Rica: *Bécquer,* Barcelona, Aedos, 1964.

MONTESINOS, Rafael: *Bécquer. Biografía e imagen,* Barcelona, Editorial RM, 1977.

ESTUDIOS BIOGRÁFICOS Y CRÍTICOS

NOMBELA, Julio: *Impresiones y recuerdos,* 4 vols., Madrid, 1910-11.

SCHNEIDER, Franz: *Gustavo Adolfo Bécquer. Leben und Schaffen unter besonderer Betonung des Chronologischen Elementes,* Berna-Leipzig, Druk von Robert Noske, 1914.

BALBÍN LUCAS, Rafael de: «Documentos becquerianos», *Revista de Bibliografía Nacional,* V, Madrid, 1944.

HERNÁNDEZ, Alejo: *Bécquer y Heine,* Madrid, Senara, 1946.

GAMALLO FIERROS, Dionisio: *Del olvido en el ángulo oscuro... Páginas abandonadas de Gustavo Adolfo Bécquer.* Con ensayo biocrítico, apéndices y notas. Madrid, Editorial Valera, 1948.

FRUTOS GÓMEZ DE LAS CORTINAS, J.: «La formación Literaria de Bécquer», *Revista Bibliográfica y Documental,* IV, Madrid, 1950.

KING, Edmund L.: *Gustavo Adolfo Bécquer: from Painter to Poet,* México, Porrúa, 1953.

CARPINTERO, Heliodoro: *Bécquer de par en par,* Madrid, Ínsula, 1957.

DÍAZ, José Pedro: *Gustavo A. Bécquer. Vida y poesía.* Montevideo, La Galatea, 1953; 2.ª ed., Madrid, Gredos, 1958.

GUILLÉN, Jorge: *Lenguaje y poesía,* Madrid, Revista de Occidente, 1962.

TORRES MORALES, J. A.: «Bécquer y Martí», en *La Torre,* 39, julio-septiembre 1962, San Juan de Puerto Rico.

CERNUDA, Luis: *Bécquer y el poema en prosa español,* en *Poesía y Literatura,* II, Barcelona, Seix-Barral, Colección Biblioteca Breve, 1964.

Número homenaje a Bécquer, *Ínsula,* diciembre, 1970.

BENÍTEZ, Rubén: *Bécquer tradicionalista,* Madrid, Gredos, 1971.

López Estrada, Francisco: *Poética para un poeta,* Madrid, Gredos, 1972.

Número homenaje a Bécquer, *Revista de Filología Española,* t. LII, 1969, Madrid.

Gaos, Vicente: *Vigencia de Bécquer,* en *Claves de literatura española I,* Madrid, Guadarrama, 1971.

Lorenzo Rivero, Luis: «Bécquer, vínculo literario entre Larra y el 98», *Cuadernos Hispanoamericanos, 262,* abril 1972.

García Viñó, Manuel: *Mundo y trasmundo en las leyendas de Bécquer,* Madrid, Gredos, 1971.

Rosales, Luis: *Bécquer maestro para mañana,* en *El sentimiento del desengaño en la poesía barroca,* Madrid, ed. Cultura Hispánica, 1966.

Número homenaje de *Cuadernos Hispanoamericanos,* 244-249, agosto-septiembre 1971, Madrid.

Número homenaje de *Revista de Occidente,* 94, enero 1971.

Celaya, Gabriel: *La metapoesía en Gustavo Adolfo Bécquer,* en *Exploración de la poesía,* Barcelona, Seix-Barral, 1964.

Celaya, Gabriel: *Bécquer,* Madrid, ed. Júcar, Col. Los Poetas, 1972.

ESTUDIOS SOBRE LAS RIMAS

Hendrix, William S.: «Las Rimas de Bécquer y la influencia de Byron», en *Boletín de la Academia de la Historia,* XCVIII, Madrid, 1931.

Cernuda, Luis: «Bécquer y el Romanticismo español», en *Cruz y Raya,* núm. 26, Madrid, 1935.

Casalduero, Joaquín: «Las Rimas de Bécquer», en *Cruz y Raya,* núm. 32, Madrid, 1935.

Guillén, Jorge: «La poética de Bécquer», *Revista Hispánica Moderna,* 1942, enero-abril.

Monner Sans, José María: «Las fuentes de las rimas becquerianas», *Boletín de la Academia Argentina de Letras,* V, 1946.

Bousoño, Carlos: *Las pluralidades paralelísticas en Béc-*

quer, en *Seis calas en la expresión literaria española*, Madrid, Gredos, 1951.

ALONSO, Dámaso: *Originalidad de Bécquer*, en *Poetas españoles contemporáneos*, Madrid, Gredos, 1952.

PAGEARD, Robert: *Le germanisme de Bécquer*, *Bulletin Hispanique*, LVI, 1954.

BLANCO AGUINAGA, Carlos: «La lucha con las palabras en Bécquer: definición e indefinición en las 'Rimas'», *Cuadernos Americanos*, 1955, mayo-junio.

BALBÍN, Rafael de: «Nota sobre el estrofismo becqueriano», *Revista de Literatura*, t. VII, núms. 13-14, enero-junio 1955.

BALBÍN, Rafael de: *Poética becqueriana*, Madrid, Prensa Española, 1969.

BELIC, Oldrich: *Volverán las oscuras golondrinas*, en *Análisis estructural de textos hispanos*, Madrid, Prensa Española, 1971.

MAYORAL, Marina: *Sobre la rima II*, en *Poesía española contemporánea*, Madrid, Gredos, 1973.

ENTRAMBASAGUAS, Joaquín de: *La obra poética de Bécquer en su discriminación creadora y erótica*, Madrid, Vasallo de Humbert, 1974.

Hemos ofrecido sólo una selección muy reducida de la enorme bibliografía becqueriana que comprende hoy centenares de fichas. El lector que desee acercarse a ella con más detención deberá examinar el libro de Rubén Benítez *Ensayo de bibliografía razonada de Gustavo Adolfo Bécquer* (Universidad de Buenos Aires, 1961), imprescindible para todo estudio de Bécquer, y que nos ha sido muy útil para nuestra edición.

NUESTRA EDICIÓN

Para el texto de las *Rimas* hemos seguido el del manuscrito de *El libro de los gorriones,* que se conserva en la Biblioteca Nacional de Madrid, y que contiene setenta y nueve rimas. Muchas de ellas ofrecen en el citado manuscrito una versión distinta de la que fue publicada por

Rodríguez Correa en la primera edición, póstuma, de las *Rimas,* debido a que dos amigos de Bécquer, Narciso Campillo y Augusto Ferrán, corrigieron, para esa edición, el manuscrito de Bécquer.

Hemos tenido muy en cuenta, además, las ediciones de las *Rimas* realizadas por José Pedro Díaz y Robert Pageard citadas en la bibliografía.

Introducción sinfónica [1]

Por los tenebrosos rincones de mi cerebro, acurrucados y desnudos, duermen los extravagantes hijos de mi fantasía, esperando en silencio que el Arte los vista de la palabra para poderse presentar decentes en· la escena del mundo.

Fecunda, como el lecho de amor de la Miseria, y parecida a esos padres que engendran más hijos de los que pueden alimentar, mi musa concibe y pare en el misterioso santuario de la cabeza, poblándola de creaciones sin número, a las cuales ni mi actividad ni todos los años que me restan de vida serían suficientes a dar forma.

Y aquí dentro, desnudos y deformes, revùeltos y barajados en indescriptible confusión, los siento a veces agitarse y vivir con una vida oscura y extraña, semejante a la de esas miríadas de gérmenes que hierven y se· estremecen en una eterna incubación dentro de las entrañas de la tierra, sin encontrar fuerzas bastantes para salir a la superficie y convertirse, al beso del sol, en flores y frutos.

Conmigo van, destinados a morir conmigo, sin que de ellos quede otro rastro que el que deja un sueño de la me

---

[1] Esta Introducción figura en el manuscrito de las *Rimas* que Bécquer tituló *El libro de los gorriones,* que se conserva en la Biblioteca Nacional (Ms. 13.216).

dianoche, que a la mañana no puede recordarse. En algunas ocasiones, y ante esta idea terrible, se subleva en ellos el instinto de la vida, y agitándose en formidable aunque silencioso tumulto, buscan en tropel por donde salir a la luz, de entre las tinieblas en que viven. Pero ¡ay, que entre el mundo de la idea y el de la forma existe un abismo que sólo puede salvar la palabra; y la palabra, tímida y perezosa, se niega a secundar sus esfuerzos! Mudos, sombríos e impotentes, después de la inútil lucha vuelven a caer en su antiguo marasmo. ¡Tal caen inertes en los surcos de las sendas, si cesa el viento, las hojas amarillas que levantó el remolino!

Estas sediciones de los rebeldes hijos de la imaginación explican algunas de mis fiebres; ellas son la causa, desconocida para la ciencia, de mis exaltaciones y mis abatimientos. Y así, aunque mal, vengo viviendo hasta aquí: paseando por entre la indiferente multitud esta silenciosa tempestad de mi cabeza. Así vengo viviendo; pero todas las cosas tienen un término, y a éstas hay que ponerlas punto.

El insomnio y la fantasía siguen y siguen procreando en monstruoso maridaje. Sus creaciones, apretadas ya como las raquíticas plantas de un vivero, pugnan por dilatar su fantástica existencia, disputándose los átomos de la memoria, como el escaso jugo de una tierra estéril. Necesario es abrir paso a las aguas profundas, que acabarán por romper el dique, diariamente aumentadas por un manantial vivo.

¡Andad, pues! Andad y vivid con la única vida que puedo daros. Mi inteligencia os nutrirá lo suficiente para que seáis palpables; os vestirá, aunque sea de harapos, lo bastante para que no avergüence vuestra desnudez. Yo quisiera forjar para cada uno de vosotros una maravillosa estrofa tejida de frases exquisitas, en la que os pudierais envolver con orgullo, como en un manto de púrpura. Yo quisiera poder cincelar la forma que ha de conteneros, como se cincela el vaso de oro que ha de guardar preciado perfume. Mas es imposible.

No obstante, necesito descansar; necesito, del mismo modo que se sangra el cuerpo por cuyas henchidas venas se precipita la sangre con pletórico empuje, desahogar el cerebro, insuficiente a contener tantos absurdos.

Quedad, pues, consignados aquí, como la estela nebulosa que señala el paso de un mundo en embrión que aventa por el aire la muerte antes que su creador haya podido pronunciar el *fiat lux* que separa la claridad de las sombras.

No quiero que en mis noches sin sueño volváis a pasar por delante de mis ojos en extravagante procesión, pidiéndome con gestos y contorsiones que os saque a la vida de la realidad, del limbo en que vivís, semejantes a fantasmas sin consistencia. No quiero que al romperse este arpa, vieja y cascada ya, se pierdan, a la vez que el instrumento, las ignoradas notas que contenía. Deseo ocuparme un poco del mundo que me rodea, pudiendo, una vez vacío, apartar los ojos de este otro mundo que llevo dentro de la cabeza. El sentido común, que es la barrera de los sueños, comienza a flaquear, y las gentes de diversos campos se mezclan y confunden. Me cuesta trabajo saber qué cosas he soñado y cuáles me han sucedido; mis afectos se reparten entre fantasmas de la imaginación y personajes reales; mi memoria clasifica, revueltos, nombres y fechas de mujeres y días que han muerto o han pasado, con los días y mujeres que no han existido sino en mi mente. Preciso es acabar arrojándoos de cabeza de una vez para siempre.

Si *morir* es *dormir,* quiero dormir en paz en la noche de la muerte, sin que vengáis a ser mi pesadilla, maldiciéndome por haberos condenado a la nada antes de haber nacido. Id, pues, al mundo a cuyo contacto fuisteis engendrados, y quedad en él, como el eco que encontraron en un alma que pasó por la tierra, sus alegrías y sus dolores, sus esperanzas y sus luchas.

Tal vez muy pronto tendré que hacer la maleta para el gran viaje. De una hora a otra puede desligarse el espíritu de la materia para remontarse a regiones más puras. No quiero, cuando esto suceda, llevar conmigo, como el abigarrado equipaje de un saltimbanqui, el tesoro de oropeles y guiñapos que ha ido acumulando la fantasía en los desvanes del cerebro.

Junio de 1868.

RIMAS

I

Yo sé un himno gigante y extraño
que anuncia en la noche del alma una aurora,
y estas páginas son de ese himno
cadencias que el aire dilata en las sombras.

Yo quisiera escribirle, del hombre
domando el rebelde, mezquino idioma,
con palabras que fuesen a un tiempo
suspiros y risas, colores y notas.

Pero en vano es luchar; que no hay cifra
capaz de encerrarle, y apenas, ¡oh hermosa!,
si, teniendo en mis manos las tuyas,
pudiera, al oído, cantártelo a solas.

II [2]

Saeta que voladora
cruza arrojada al azar,
y que no se sabe dónde
temblando se clavará;

hoja que del árbol seca
arrebata el vendaval

---

[2] Publicada en *El Museo Universal* (8-IV-1866). Se ha visto en esta rima alguna huella de un poema de Lamartine: *L'Isolement*.

sin que nadie acierte el surco
donde al polvo volverá;

gigante ola que el viento
riza y empuja en el mar,
y rueda y pasa, y se ignora
qué playa buscando va;

luz que en cercos temblorosos
brilla, próxima a expirar,
y que no se sabe de ellos
cuál el último será;

eso soy yo, que al acaso
cruzo el mundo, sin pensar
de dónde vengo ni adónde
mis pasos me llevarán.

III

Sacudimiento extraño
que agita las ideas,
como huracán que empuja
las olas en tropel;

murmullo que en el alma
se eleva y va creciendo,
como volcán que sordo
anuncia que va a arder;

deformes siluetas
de seres imposibles;
paisajes que aparecen
como al través de un tul:

colores que fundiéndose
remedan en el aire
los átomos del iris,
que nadan en la luz;

ideas sin palabras,
palabras sin sentido;
cadencias que no tienen
ni ritmo ni compás;

memorias y deseos
de cosas que no existen;
accesos de alegría,
impulsos de llorar;

actividad nerviosa
que no halla en qué emplearse;
sin rienda que lo guíe
caballo volador;

locura que el espíritu
exalta y desfallece;
embriaguez divina
del genio creador...

¡Tal es la inspiración!

Gigante voz que el caos
ordena en el cerebro,
y entre las sombras hace
la luz aparecer;

brillante rienda de oro
que poderosa enfrena
de la exaltada mente
el volador corcel;

hilo de luz que en haces
los pensamientos ata;
sol que las nubes rompe
y toca en el cenit;

inteligente mano
que en un collar de perlas

consigue las indóciles
palabras reunir;

armonioso ritmo
que con cadencia y número
las fugitivas notas
encierra en el compás;

cincel que el bloque muerde
la estatua modelando,
y la belleza plástica
añade a la ideal;

atmósfera en que giran
con orden las ideas,
cual átomos que agrupa
recóndita atracción;

raudal en cuyas ondas
su sed la fiebre apaga;
oasis que al espíritu
devuelve su vigor...

¡Tal es nuestra razón!

Con ambas siempre en lucha
y de ambas vencedor,
tan sólo al genio es dado
a un yugo atar las dos.

IV [3]

No digáis que agotado su tesoro,
de asuntos falta, enmudeció la lira.
Podrá no haber poetas; pero siempre
habrá poesía.

---

[3] Publicada en *La Ilustración de Madrid*, núm. 5, el 12 de mar-
zo de 1870.

Mientras las ondas de la luz al beso
    palpiten encendidas:
mientras el sol las desgarradas nubes
    de fuego y oro vista;

mientras el aire en su regazo lleve
    perfumes y armonías;
mientras haya [4] en el mundo primavera,
    ¡habrá poesía!

    Mientras la ciencia a descubrir no alcance
    las fuentes de la vida,
y en el mar o en el cielo haya un abismo
    que al cálculo resista;

mientras la humanidad, siempre avanzando,
    no sepa a dó camina;
mientras haya un misterio para el hombre
    ¡habrá poesía!

Mientras se sienta que se ríe el alma,
    sin que los labios rían;
mientras se llore sin que el llanto acuda
    a nublar la pupila;

mientras el corazón y la cabeza
    batallando prosigan;
mientras haya esperanzas y recuerdos,
    ¡habrá poesía!

Mientras haya unos ojos que reflejen
    los ojos que los miran;
mientras responda el labio suspirando
    al labio que suspira;

---

[4] El sintagma *mientra haya* que usa reiteradamente Bécquer en esta rima pudo inspirar a Pedro Salinas su hermoso poema *Confianza*. Por otra parte, la crítica ha señalado en esta rima alguna huella de un poema de Musset y de otro del poeta alemán Anastasius Grün.

mientras exista una mujer hermosa,
¡habrá poesía!

V [5]

Espíritu sin nombre,
indefinible esencia,
yo vivo con la vida
sin formas de la idea

Yo nado en el vacío,
del sol tiemblo en la hoguera,
palpito entre las sombras
y floto con las nieblas.

Yo soy el fleco de oro
de la lejana estrella;
yo soy de la alta luna
la luz tibia y serena.

Yo soy la ardiente nube
que en el ocaso ondea;
yo soy del astro errante
la luminosa estela.

Yo soy nieve en las cumbres,
soy fuego en las arenas,
azul onda en los mares,
y espuma en las riberas.

En el laúd soy nota,
perfume en la violeta,
fugaz llama en las tumbas,
y en las ruinas yedra.

---

[5] Publicada en *El Museo Universal* el 28 de **enero de 1866**.
La fuente de esta rima pudo ser el poema de José María Larrea,
El espíritu y la materia, publicado en el *Semanario pintoresco
español* el 8 de mayo de 1853.

Yo atrueno en el torrente,
y silbo en la centella,
y ciego en el relámpago,
y rujo en la tormenta.

Yo río en los alcores,
susurro en la alta yerba,
suspiro en la onda pura,
y lloro en la hoja seca.

Yo ondulo con los átomos
del humo que se eleva
y al cielo lento sube
en espiral inmensa,

Yo en los dorados hilos
que los insectos cuelgan,
me mezco entre los árboles
en la ardorosa siesta.

Yo corro tras las ninfas
que en la corriente fresca
del cristalino arroyo
desnudas juguetean.

Yo, en bosques de corales
que alfombran blancas perlas,
persigo en el Océano
las náyades ligeras.

Yo en las cavernas cóncavas,
do el sol nunca penetra,
mezclándome a los gnomos,
contemplo sus riquezas.

Yo busco de los siglos
las ya borradas huellas,
y sé de esos imperios
de que ni el nombre queda.

Yo sigo en raudo vértigo
los mundos que voltean,
y mi pupila abarca
la Creación entera.

Yo sé de esas regiones
a do un rumor no llega,
y donde informes astros
de vida un soplo esperan.

Yo soy sobre el abismo
el puente que atraviesa;
yo soy la ignota escala
que el cielo une a la tierra.

Yo soy el invisible
anillo que sujeta
el mundo de la forma
al mundo de la idea.

Yo, en fin, soy ese espíritu,
desconocida esencia,
perfume misterioso,
de que es vaso el poeta.

VI [6]

Como la brisa que la sangre orea
sobre el oscuro campo de batalla,
cargada de perfumes y armonías
en el silencio de la noche vaga:

Símbolo del dolor y la ternura,
del bardo inglés en el horrible drama
la dulce Ofelia, la razón perdida,
cogiendo flores y cantando pasa.

---

[6] Sobre el tema de Ofelia en Bécquer, véase el estudio del
autor de esta edición *Bécquer y Ofelia,* Suplemento de la revista
«Caracola», núm. 106, agosto 1961, Málaga.

VII [7]

Del salón en él ángulo oscuro,
de su dueño tal vez olvidada,
silenciosa y cubierta de polvo
    veíase el arpa.

¡Cuánta nota dormía en sus cuerdas,
como el pájaro duerme en las ramas,
esperando la mano de nieve
    que sabe arrancarlas!

¡Ay! pensé; ¡cuántas veces el genio
así duerme en el fondo del alma
y una voz, como Lázaro, espera
que le diga: «¡Levántate y anda!»

VIII

Cuando miro el azul horizonte
    perderse a lo lejos,
al través de una gasa de polvo
    dorado e inquieto,
me parece posible arrancarme
    del mísero suelo,
y flotar con la niebla dorada
    en átomos leves
    cual ella deshecho.

Cuando miro de noche en el fondo
    oscuro del cielo
las estrellas temblar, como ardientes
    pupilas de fuego,
me parece posible a dó brillan

---

[7] La crítica ha señalado una posible influencia de Lamartine
y de Musset en esta rima.

subir en un vuelo,
y anegarme en su luz, y con ellas
en lumbre encendido
fundirme en un beso.

En el mar de la duda en que bogo
ni aún sé lo que creo;
sin embargo, estas ansias me dicen
que yo llevo algo
divino aquí dentro...

IX [8]

Besa el aura que gime blandamente
las leves ondas que jugando riza;
el sol besa la nube en Occidente
y de púrpura y oro la matiza;
la llama en derredor del tronco ardiente
por besar a otra llama se desliza,
y hasta el sauce inclinándose a su peso
al río que le besa, vuelve un beso.

X [9]

Los invisibles átomos del aire
en derredor palpitan y se inflaman;
el cielo se deshace en rayos de oro;
la tierra se estremece alborozada.

Oigo flotando en olas de armonía
rumor de besos y batir de alas;
mis párpados se cierran... ¿qué sucede?
—Es el amor que pasa.

[8] Publicada en el *Almanaque del Museo Universal para 1868.*
[9] Publicada por Narciso Campillo en el artículo que publicó,
al morir Bécquer, en *La Ilustración de Madrid* el 15 de enero
de 1871.

—Yo soy ardiente, yo soy morena,
yo soy el símbolo de la pasión;
de ansia de goces mi alma está llena.
¿A mí me buscas? No es a ti; no.

—Mi frente es pálida; mis trenzas, de oro;
puedo brindarte dichas sin fin;
yo de ternuras guardo un tesoro.
¿A mí me llamas? —No; no es a ti.

—Yo soy un sueño, un imposible,
vano fantasma de niebla y luz;
soy incorpórea, soy intangible;
no puedo amarte. —¡Oh, ven; ven tú!

XII

Porque son, niña, tus ojos
verdes como el mar, te quejas;
verdes los tienen las náyades,
verdes los tuvo Minerva,
y verdes son las pupilas
de las huríes del profeta.

El verde es gala y ornato
del bosque en la primavera;
entre sus siete colores
brillante el iris lo ostenta.
Las esmeraldas son verdes,
verde el color del que espera,

[10] Publicada en *El Museo Universal* el 2 de febrero de 1866.
Es importante el estudio de esta rima hecho por Juan M.ª Díez
Taboada en su libro *La mujer ideal. Aspectos y fuentes de las
Rimas de G. A. Bécquer.* C.S.I.C. Madrid, 1965.

y las ondas del Océano,
y el laurel de los poetas.

Es tu mejilla temprana
rosa de escarcha cubierta,
en que el carmín de los pétalos
se ve al través de las perlas.
Y, sin embargo,
sé que te quejas,
porque tus ojos
crees que la afean;
pues no lo creas,
que parecen sus pupilas,
húmedas, verdes e inquietas,
tempranas hojas de almendro
que al soplo del aire tiemblan.

Es tu boca de rubíes
purpúrea granada abierta
que en el estío convida
a apagar la sed con ella.
Y sin embargo,
sé que te quejas
porque tus ojos
crees que la afean;
pues no lo creas,
que parecen, si enojada
tus pupilas centellean,
las olas del mar que rompen
en las cantábricas peñas.

Es tu frente, que corona
crespo el oro en ancha trenza,
nevada cumbre en que el día
su postrera luz refleja.
Y sin embargo,
sé que te quejas
porque tus ojos

crees que la afean;
pues no lo creas,
que entre las rubias pestañas,
junto a las sienes, semejan
broches de esmeralda y oro
que un blanco armiño sujetan.

Porque son, niña, tus ojos
verdes como el mar, te quejas;
quizá si negros o azules
se tornasen, lo sintieras.

XIII [11]

Tu pupila es azul, y cuando ríes
su claridad suave me recuerda
el trémulo fulgor de la mañana
que en el mar se refleja.

Tu pupila es azul, y cuando lloras,
las transparentes lágrimas en ella
se me figuran gotas de rocío
sobre una violeta.

Tu pupila es azul, y si en su fondo
como un punto de luz radia una idea,
me parece en el cielo de la tarde
una perdida estrella.

XIV

Te vi un punto, y flotando ante mis ojos,
la imagen de tus ojos se quedó,
como la mancha oscura orlada en fuego,
que flota y ciega si se mira al sol.

[11] Publicada en *El Nene* el 17 de diciembre de 1859 con el título *Imitación de Byron*. El original inglés figura en las *Hebrew Melodies* de Byron. En realidad, Bécquer sólo imitó una estrofa del poema, la primera, que corresponde a la segunda de su rima.

Adonde quiera que la vista clavo,
torno a ver sus pupilas llamear;
mas no te encuentro a ti, que es tu mirada:
unos ojos, los tuyos, nada más.

De mi alcoba en el ángulo los miro
desasidos, fantásticos lucir:
cuando duermo los siento que se ciernen
de par en par abiertos sobre mí.

Yo sé que hay fuegos fatuos que en la noche
llevan al caminante a perecer:
yo me siento arrastrado por tus ojos,
pero adónde me arrastran, no lo sé.

XV [12]

Cendal flotante de leve bruma,
rizada cinta de blanca espuma,
          rumor sonoro
          de arpa de oro,
beso del aura, onda de luz:
          eso eres tú.

Tú, sombra aérea, que cuantas veces
voy a tocarte, te desvanecces,
como la llama, como el sonido,
como la niebla, como el gemido
          del lago azul.

En mar sin playas, onda sonante,
en el vacío, cometa errante;
          largo lamento
          del ronco viento,
ansia perpetua de algo mejor,
          eso soy yo.

---

[12] Publicada en *El Correo de la Moda* el 24 de octubre de 1860 con el *título Tú y yo. Melodía.* La crítica ha advertido ecos de Espronceda y de Eulogio Florentino Sanz en esta rima.

¡Yo, que a tus ojos, en mi agonía,
los ojos vuelvo de noche y día;
yo, que incansable corro y demente
tras una sombra, tras la hija ardiente
de una visión!

XVI [13]

Si al mecer las azules campanillas
de tu balcón
crees que suspirando pasa el viento
murmurador,
sabe que, oculto entre las verdes hojas,
suspiro yo.

Si al resonar confuso a tus espaldas
vago rumor,
crees que por tu nombre te ha llamado
lejana voz,
sabe que, entre las sombras que te cercan,
te llamo yo.

Si se turba medroso en la alta noche
tu corazón
al sentir en tus labios un aliento
abrasador,
sabe que, aunque invisible, al lado tuyo
respiro yo.

XVII

Hoy la tierra y los cielos me sonríen,
hoy llega al fondo de mi alma el sol,
hoy la he visto..., la he visto y me ha mirado...
¡hoy creo en Dios!

[13] Publicada inicialmente en *El Museo Universal* el 13 de mayo de 1866. Probablemente fuente de esta rima es el poema de Eulogio Florentino Sanz *Tú desde lejos me miras,* publicado en *La América* el 27 de junio de 1865.

XVIII

Fatigada del baile,
encendido el color, breve el aliento,
apoyada en mi brazo,
del salón se detuvo en un extremo.
Entre la leve gasa
que levantaba el palpitante seno,
una flor se mecía
en compasado y dulce movimiento.

Como en cuna de nácar
que empuja el mar y que acaricia el céfiro,
tal vez allí dormía
al soplo de sus labios entreabiertos.

¡Oh! quién así, pensaba,
dejar pudiera deslizarse el tiempo!
¡Oh, si las flores duermen,
qué dulcísimo sueño!

XIX

Cuando sobre el pecho inclinas
la melancólica frente,
una azucena tronchada
me pareces.

Porque al darte la pureza
de que es símbolo celeste,
como a ella te hizo Dios
de oro y nieve.

XX

Sabe, si alguna vez tus labios rojos
quema invisible atmósfera abrasada,
que el alma que hablar puede con los ojos,
también puede besar con la mirada.

XXI [14]

¿Qué es poesía? dices mientras clavas
en mi pupila tu pupila azul.
¿Qué es poesía? ¿Y tú me lo preguntas?
Poesía... eres tú!

XXII

¿Cómo vive esa rosa que has prendido
junto a tu corazón?
Nunca hasta ahora contemplé en el mundo
junto al volcán la flor.

XXIII [15]

Por una mirada, un mundo;
por una sonrisa, un cielo;
por un beso..., ¡yo no sé
qué te diera por un beso!

---

[14] El tema de esta rima aparece también en la primera de las
Cartas literarias a una mujer, del mismo Bécquer.
[15] Publicada en *El Contemporáneo* el 23 de abril de 1861 con
el título de *A ella.*

XXIV [16]

Dos rojas lenguas de fuego
que, a un mismo tronco enlazadas
se aproximan, y al besarse
forman una sola llama;

dos notas que del laúd
a un tiempo la mano arranca,
y en el espacio se encuentran
y armoniosas se abrazan;

dos olas que vienen juntas
a morir sobre una playa,
y que al romper se coronan
con un penacho de plata;

dos jirones de vapor
que del lago se levantan,
y al juntarse allá en el cielo
forman una nube blanca;

dos ideas que al par brotan,
dos besos que a un tiempo estallan,
dos ecos que se confunden...
eso son nuestras dos almas.

XXV

Cuando en la noche te envuelven
las alas de tul del sueño,
y tus tendidas pestañas
semejan arcos de ébano,
por escuchar los latidos

---

[16] Publicada en *El Museo Universal* el 18 de marzo de 1866
con el título *Dos y uno*.

de tu corazón inquieto
y reclinar tu dormida
cabeza sobre mi pecho,
    diera, alma mía,
    cuanto poseo:
    la luz, el aire
    y el pensamiento!

Cuando se clavan tus ojos,
en un invisible objeto,
y tus labios ilumina
de una sonrisa el reflejo;
por leer sobre tu frente
el callado pensamiento
que pasa como la nube
del mar sobre el ancho espejo,

    diera, alma mía,
    cuanto deseo:
    la fama, el oro,
    la gloria, el genio!

Cuando enmudece tu lengua,
y se apresura tu aliento,
y tus mejillas se encienden,
y entornan tus ojos negros;
por ver entre sus pestañas
brillar con húmedo fuego
la ardiente chispa que brota
del volcán de los deseos,

    diera, alma mía,
    por cuanto espero,
    la fe, el espíritu,
    la tierra, el cielo.

XXVI

Voy contra mi interés al confesarlo;
no obstante, amada mía,
pienso, cual tú, que una oda sólo es buena
de un billete de Banco al dorso escrita.
No faltará algún necio que al oírlo
se haga cruces y diga:
«Mujer al fin del siglo diez y nueve,
material y prosaica...» ¡Boberías!
¡Voces que hacen correr cuatro poetas
que en invierno se embozan con la lira!
¡Ladridos de los perros a la luna!
Tú sabes y yo sé que en esta vida,
con genio es muy contado el que la *escribe,*
y con oro cualquiera *hace* poesía.

XXVII [17]

Despierta, tiemblo al mirarte;
dormida, me atrevo a verte;
por eso, alma de mi alma,
yo velo mientras tú duermes.

Despierta ríes y al reír tus labios
inquietos me parecen
relámpagos de grana que serpean
sobre un cielo de nieve.

Dormida, los extremos de tu boca
pliega sonrisa leve,
suave como el rastro luminoso
que deja un sol que muere.

—¡Duerme!

_____

[17] Publicada inicialmente en *La Gaceta literaria* el 21 de enero
de 1863.

Despierta miras y al mirar tus ojos
    húmedos resplandecen
como la onda azul en cuya cresta
    chispeando el sol hiere.

Al través de tus párpados, dormida,
    tranquilo fulgor vierten,
cual derrama de luz templado rayo,
    lámpara trasparente...

    —¡Duerme!

Despierta hablas, y al hablar, vibrantes
    tus palabras parecen
lluvia de perlas que en dorada copa
    se derrama a torrentes.

Dormida, en el murmullo de tu aliento
    acompasado y tenue,
escucho yo un poema que mi alma
    enamorada entiende...

    —¡Duerme!

Sobre el corazón la mano
me he puesto porque no suene
su latido, y de la noche
turbe la calma solemne.

De tu balcón las persianas
cerré ya, porque no entre
el resplandor enojoso
de la aurora y te despierte...

    ¡Duerme!

XXVIII

Cuando entre la sombra oscura
perdida una voz murmura
turbando su triste calma,
si en el fondo de mi alma
la oigo dulce resonar;

dime: ¿es que el viento en sus giros
se queja, o que tus suspiros
me hablan de amor al pasar?

Cuando el sol en mi ventana
rojo brilla a la mañana,
y mi amor tu sombra evoca,
si en mi boca de otra boca
sentir creo la impresión;

dime: ¿es que ciego deliro
o que un beso en un suspiro
me envía tu corazón?

Si en el luminoso día
y en la alta noche sombría;
si en todo cuanto rodea
al alma que te desea
te creo sentir y ver;

dime: ¿es que toco y respiro
soñando, o que en un suspiro
me das tu aliento a beber?

XXIX

La bocca mi bació tutto tremante.

Sobre la falda tenía
el libro abierto;
en mi mejilla tocaban
sus rizos negros;
no veíamos las letras
ninguno, creo;
mas guardábamos entrambos
hondo silencio.

¿Cuánto duró? Ni aun entonces
pude saberlo;
sólo sé que no se oía
más que el aliento,
que apresurado escapaba
del labio seco.

Sólo sé que nos volvimos
los dos a un tiempo,
y nuestros ojos se hallaron,
y sonó un beso.
....
....

Creación de Dante era el libro,
era su *Infierno*.
Cuando a él bajamos los ojos,
yo dije trémulo:
—¿Comprendes ya que un poema
cabe en un verso?
Y ella respondió encendida:
¡Ya lo comprendo!

XXX [18]

Asomaba a sus ojos una lágrima
y a mi labio una frase de perdón;
habló el orgullo y se enjugó su llanto,
y la frase en mis labios expiró.

Yo voy por un camino, ella por otro;
pero al pensar en nuestro mutuo amor,
yo digo aún: «¿Por qué callé aquel día?»
Y ella dirá: «¿Por qué no lloré yo?»

XXXI

Nuestra pasión fue un trágico sainete,
   en cuya absurda fábula
lo cómico y lo grave confundidos
   risas y llanto arrancan.

Pero fue lo peor de aquella historia
   que al fin de la jornada
a ella tocaron lágrimas y risas,
   y a mí sólo las lágrimas.

XXXII

Pasaba arrolladora en su hermosura
   y el paso le dejé;
ni aun a mirarla me volví, y, no obstante
algo a mi oído murmuró: «Ésa es.»

¿Quién reunió la tarde a la mañana?
   Lo ignoro: sólo sé

---

[18] Publicada inicialmente en *La Ilustración de Madrid,* número 15 de enero de 1871. Se na advertido en esta rima una influencia del poema 49 del *Lyrisches Intermezzo* (1823) de Heine.

que en una breve noche de verano
se unieron los crepúsculos y... *fue.*

XXXIII

Es cuestión de palabras, y, no obstante,
    ni tú ni yo jamás
después de lo pasado convendremos
    en quién la culpa está.

¡Lástima que el Amor un diccionario
    no tenga dónde hallar
cuándo el orgullo es simplemente orgullo
    y cuándo es dignidad!

XXXIV

Cruza callada, y son sus movimientos
    silenciosa armonía;
suenan sus pasos, y al sonar recuerdan
del himno alado la cadencia rítmica.

Los ojos entreabre, aquellos ojos
    tan claros como el día,
y la tierra y el cielo, cuanto abarcan,
.arden con nueva luz en sus pupilas.

Ríe, y su carcajada tiene notas
    del agua fugitiva;
llora, y es cada lágrima un poema
    de ternura infinita.

Ella tiene la luz, tiene el perfume,
    el color y la línea,
la forma, engendradora de deseos,
la expresión, fuente eterna de poesía.

¿Qué es estúpida?... ¡bah!, mientras callando
    guarde oscuro el enigma,

siempre valdrá lo que yo creo que calla
más que lo que cualquiera otra me diga.

XXXV

¡No me admiró tu olvido! Aunque de un día
me admiró tu cariño mucho más;
porque lo que hay en mí que vale algo,
eso... ¡ni lo pudiste sospechar!

XXXVI

Si de nuestros agravios en un libro
se escribiese la historia,
y se borrase en nuestras almas cuanto
se borrase en sus hojas;

te quiero tanto aún, dejó en mi pecho
tu amor huellas tan hondas,
que sólo con que tú borrases una,
¡las borraba yo todas!

XXXVII [19]

Antes que tú me moriré: escondido
en las entrañas ya
el hierro llevo con que abrió tu mano
la ancha herida mortal.

Antes que tú me moriré: y mi espíritu,
en su empeño tenaz,
se sentará a las puertas de la muerte
esperándote allá.

Con las horas los días, con los días
los años volarán,

[19] Publicada por primera vez en *La Ilustración de Madrid,* número 15 de enero de 1871.

y a aquella puerta llamarás al cabo...
    ¿Quién deja de llamar?

Entonces, que tu culpa y tus despojos,
    la tierra aguardará,
lavándote en las ondas de la muerte
    como en otro Jordán;

allí, donde el murmullo de la vida
    temblando a morir va,
como la ola que a la playa viene
    silenciosa a expirar;

allí, donde el sepulcro que se cierra
    abre una eternidad...
¡todo cuanto los dos hemos callado
    allí lo hemos de hablar!

XXXVIII

Los suspiros son aire y van al aire.
Las lágrimas son agua y van al mar.
Dime, mujer: cuando el amor se olvida,
    ¿sabes tú adónde va?

XXXIX

¿A qué me lo decís? Lo sé: es mudable,
es altanera y vana y caprichosa;
antes que el sentimiento de su alma
brotará el agua de la estéril roca.

Sé que en su corazón, nido de sierpes,
no hay una fibra que al amor responda;
que es una estatua inanimada...; pero...
    ¡es tan hermosa!

XL

Su mano entre mis manos,
sus ojos en mis ojos,
la amorosa cabeza
apoyada en mi hombro,
¡Dios sabe cuántas veces,
con paso perezoso,
hemos vagado juntos
bajo los altos olmos
que de su casa prestan
misterio y sombra al pórtico!
Y ayer..., un año apenas
pasado como un soplo,
con qué exquisita gracia,
con qué admirable aplomo,
me dijo, al presentarnos
un amigo oficioso:
—Creo que en alguna parte
he visto a usted—. ¡Ah!, bobos,
que sois de los salones
comadres de buen tono,
y andáis por allí a caza
de galantes embrollos:
¡Qué historia habéis perdido!
¡Qué manjar tan sabroso
para ser devorado
sotto voce en un corro,
detrás del abanico
de plumas y de oro!

....

¡Discreta y casta luna,
copudos y altos olmos,
paredes de su casa,
umbrales de su pórtico,

callad, y que el secreto
no salga de vosotros!
Callad; que por mi parte
yo lo he olvidado todo;
y ella... ella... ¡no hay máscara
semejante a su rostro!

XLI

Tú eras el huracán y yo la alta
torre que desafía su poder:
¡tenías que estrellarte o que abatirme!...
    ¡No pudo ser!

Tú eras el Océano y yo la enhiesta
roca que firme aguarda su vaivén:
¡tenías que romperte o que arrancarme!...
    ¡No pudo ser!

Hermosa tú, yo altivo; acostumbrados
uno a arrollar, el otro a no ceder;
la senda estrecha, inevitable el choque...
    ¡No pudo ser!

XLII

Cuando me lo contaron sentí el frío
de una hoja de acero en las entrañas;
me apoyé contra el muro, y un instante
la conciencia perdí de donde estaba.

Cayó sobre mi espíritu la noche;
en ira y en piedad se anegó el alma...
¡Y entonces comprendí por qué se llora,
y entonces comprendí por qué se mata!

Pasó la nube de dolor... Con pena
logré balbucear unas palabras...

¿Quién me dio la noticia? Un fiel amigo...
¡Me hacía un gran favor!... Le di las gracias.

XLIII

Dejé la luz a un lado, y en el borde
de la revuelta cama me senté,
mudo, sombrío, la pupila inmóvil
        clavada en la pared.

¿Qué tiempo estuve así? No sé; al dejarme
la embriaguez horrible del dolor,
expiraba la luz y en mis balcones
        reía el sol.

Ni sé tampoco en tan terribles horas
en qué pensaba o qué pasó por mí;
sólo recuerdo que lloré y maldije,
y que en aquella noche envejecí.

XLIV

Como en un libro abierto
leo de tus pupilas en el fondo;
        ¿a qué fingir el labio
risas que se desmienten con los ojos?

¡Llora! No te avergüences
de confesar que me quisiste un poco.
¡Llora! Nadie nos mira.
Ya ves; yo soy un hombre..., ¡y también lloro!

XLV

En la clave del arco mal seguro,
cuyas piedras el tiempo enrojeció,

obra de cincel rudo, campeaba
el gótico blasón.

Penacho de su yelmo de granito,
la yedra que colgaba en derredor
daba sombra al escudo, en que una mano
tenía un corazón.

A contemplarlo en la desierta plaza
nos paramos los dos,
y, ése, me dijo, es el cabal emblema
de mi constante amor.

¡Ay!, es verdad lo que me dijo entonces:
verdad que el corazón
lo llevará en la mano... en cualquier parte,
pero en el pecho, no.

XLVI

Me ha herido recatándose en las sombras,
sellando con un beso su traición.
Los brazos me echó al cuello, y por la espalda
partióme a sangre fría el corazón.

Y ella prosigue alegre su camino,
feliz, risueña, impávida, ¿y por qué?
Porque no brota sangre de la herida...
¡porque el muerto está en pie!

XLVII [20]

Yo me he asomado a las profundas simas
de la tierra y del cielo,
y les he visto el fin o con los ojos
o con el pensamiento.

[20] La idea de esta rima esta ya en el cantar LXXV del libro
La Soledad de Augusto Ferrán, publicado en 1860.

Mas ¡ay! de un corazón llegué al abismo
y me incliné un momento,
y mi alma y mis ojos se turbaron:
¡Tan hondo era y tan negro!

XLVIII [21]

Como se arranca el hierro de una herida
su amor de las entrañas me arranqué,
aunque sentí al hacerlo que la vida
me arrancaba con él.

Del altar que le alcé en el alma mía
la voluntad su imagen arrojó,
y la luz de la fe que en ella ardía
ante el ara desierta se apagó.

Aun para combatir mi firme empeño
viene a mi mente su visión tenaz...
¡Cuándo podré dormir con ese sueño
en que acaba el soñar!

XLIX

Alguna vez la encuentro por el mundo
y pasa junto a mí;
y pasa sonriéndose, y yo digo:
¿Cómo puede reír?

Luego asoma a mi labio otra sonrisa,
máscara del dolor,
y entonces pienso: —¡Acaso ella se ríe
como me río yo!

[21] Sobre el tema del arma amorosa arrancada, véase Rafael Lapesa, *Bécquer, Rosalía y Machado,* en «Ínsula», 100-101, abril, 1954, y José Luis Cano, *La espina arrancada,* en *Poesía española del siglo XX,* ed. Guadarrama, Madrid, 1960.

L

Lo que el salvaje que con torpe mano
hace de un tronco a su capricho un dios,
y luego ante su obra se arrodilla,
    eso hicimos tú y yo.

Dimos formas reales a un fantasma,
de la mente ridícula invención,
y hecho el ídolo ya, sacrificamos
    en su altar nuestro amor.

LI

De lo poco de vida que me resta
diera con gusto los mejores años
    por saber lo que a otros
    de mí has hablado.

Y esta vida mortal... y de la eterna
lo que me toque, si me toca algo,
    por saber lo que a solas
    de mí has pensado.

LII

Olas gigantes que os rompéis bramando
en las playas desiertas y remotas,
envuelto entre la sábana de espumas,
    ¡llevadme con vosotras!

Ráfagas de huracán, que arrebatáis
del alto bosque las marchitas hojas,
arrastrando en el ciego torbellino,
    ¡llevadme con vosotras!

Nubes de tempestad que rompe el rayo
y en fuego ornáis las desprendidas orlas,
arrebatado entre la niebla oscura,
        ¡llevadme con vosotras!

Llevadme, por piedad, adonde el vértigo
con la razón me arranque la memoria...
¡Por piedad!... ¡Tengo miedo de quedarme
        con mi dolor a solas!

LIII

Volverán las oscuras golondrinas
en tu balcón sus nidos a colgar,
y otra vez con el ala a sus cristales
        jugando llamarán.

Pero aquellas que el vuelo refrenaban
tu hermosura y mi dicha al contemplar;
aquellas que aprendieron nuestros nombres,
        esas..., ¡no volverán!

Volverán las tupidas madreselvas
de tu jardín las tapias a escalar,
y otra vez a la tarde, aún más hermosas,
        sus flores se abrirán.

Pero aquellas cuajadas de rocío
cuyas gotas mirábamos temblar
y caer como lágrimas del día...
        ésas..., ¡no volverán!

Volverán del amor en tus oídos
las palabras ardientes a sonar;
tu corazón, de su profundo sueño
        tal vez despertará.

Pero mudo y absorto y de rodillas
como se adora a Dios ante su altar,
como yo te he querido..., desengáñate,
¡así... no te querrán!

LIV

Cuando volvemos las fugaces horas
del pasado a evocar,
temblando brilla en sus pestañas negras
una lágrima pronta a resbalar.

Y al fin resbala y cae como gota
de rocío, al pensar
que, cual hoy por ayer, por hoy mañana,
volveremos los dos a suspirar.

LV

Entre el discorde estruendo de la orgía
acarició mi oído,
como nota de música lejana,
el eco de un suspiro.

El eco de un suspiro que conozco,
formado de un aliento que he bebido,
perfume de una flor que oculta crece
en un claustro sombrío.

Mi adorada de un día, cariñosa,
—¿En qué piensas? —me dijo.
—En nada... —¿En nada y lloras? —Es que tengo
alegre la tristeza y triste el vino.

LVI

Hoy como ayer, mañana como hoy,
    ¡y siempre igual!
un cielo gris, un horizonte eterno,
    ¡y andar... andar!

Moviéndose a compás, como una estúpida
    máquina, el corazón;
la torpe inteligencia del cerebro
    dormida en un rincón.

El alma, que ambiciona un paraíso,
    buscándolo sin fe;
fatiga sin objeto, ola que rueda
    ignorando por qué.

Voz que incesante con el mismo tono
    canta el mismo cantar,
gota de agua monótona que cae,
    y cae sin cesar.

Así van deslizándose los días
    unos de otros en pos,
hoy lo mismo que ayer, probablemente
    mañana como hoy.

¡Ay! a veces me acuerdo suspirando
    del antiguo sufrir...
Amargo es el dolor; pero siquiera
    ¡padecer es vivir!

LVII [22]

Este armazón de huesos y pellejo,
de pasear una cabeza loca

---

[22] Se ha señalado la influencia de Espronceda en esta rima.

cansado se halla al fin, y no lo extraño;
porque aunque es la verdad que no soy viejo,
de la parte de vida que me toca
en la vida del mundo, por mi daño
he hecho un uso tal, que juraría
que he condensado un siglo en cada día.

Así, aunque ahora muriera
no podría decir que no he vivido;
que el sayo, al parecer nuevo por fuera,
conozco que por dentro ha envejecido.

Ha envejecido, sí; ¡pese a mi estrella!
harto lo dice ya mi afán doliente;
que hay dolor que, al pasar, su horrible huella
graba en el corazón, si no en la frente.

LVIII

¿Quieres que de ese néctar delicioso
        no te amargue la hez?
Pues aspíralo, acércalo a tus labios
        y déjalo después.

¿Quieres que conservemos una dulce
        memoria de este amor?
Pues amémonos hoy mucho, y mañana
        digámonos ¡adiós!

LIX [23]

Yo sé·cuál el objeto
de tus suspiros es;
yo conozco la causa de tu dulce
secreta languidez.

[23] Publicada por primera vez, aunque incompleta, en el *Almanaque literario de la Biblioteca Ilustrada de Gaspar y Roig para el año 1871.*

¿Te ríes...? Algún día
sabrás, niña, por qué:
tú acaso lo sospechas,
    y yo lo sé.

Yo sé cuándo tú sueñas,
y lo que en sueños ves;
como en un libro puedo lo que callas
en tu frente leer.
    ¿Te ríes...? Algún día
sabrás, niña, por qué:
tú acaso lo sospechas,
    y yo lo sé.

Yo sé por qué sonríes
y lloras a la vez;
yo penetro en los senos misteriosos
de tu alma de mujer.
    ¿Te ríes...? Algún día
sabrás, niña, por qué:
mientras tú sientes mucho y nada sabes,
yo, que no siento ya, todo lo sé.

LX

Mi vida es un erial:
flor que toco se deshoja;
que en mi camino fatal
alguien va sembrando el mal
para que yo lo recoja.

LXI [24]

Al ver mis horas de fiebre
e insomnio lentas pasar,

[24] Publicada en el *Álbum de Poesías del Almanaque del Museo Universal para 1861* con el título *Melodía*. Esta rima pudo

a la orilla de mi lecho,
¿quién se sentará?

Cuando la trémula mano
tienda, próximo a expirar,
buscando una mano amiga,
¿quién la estrechará?

Cuando la muerte vidríe
de mis ojos el cristal,
mis párpados aún abiertos,
¿quién los cerrará?

Cuando la campana suene
(si suena en mi funeral),
una oración al oírla,
¿quién murmurará?

Cuando mis pálidos restos
oprima la tierra ya,
sobre la olvidada fosa,
¿quién vendrá a llorar?

¿Quién, en fin, al otro día,
cuando el sol vuelva a brillar,
de que pasé por el mundo,
quién se acordará?

LXII [25]

Primero es un albor trémulo y vago,
raya de inquieta luz que corta el mar;
luego chispea, crece y se dilata
en ardiente explosión de claridad.

---

inspirar a Juan Ramón Jiménez uno de sus romances de *Arias tristes,* el que comienza *Yo no volveré. Y la noche...*
[25] Se publicó en *El Correo de la Moda* el 31 de julio de 1861 con el título *Al amanecer.*

La brilladora lumbre es la alegría;
la temorosa sombra es el pesar;
¡Ay en la oscura noche de mi alma
¿cuándo amanecerá?

LXIII

Como enjambre de abejas irritadas,
de un oscuro rincón de la memoria
salen a perseguirme los recuerdos
de las pasadas horas.

Yo los quiero ahuyentar. ¡Esfuerzo inútil!
Me rodean, me acosan,
y unos tras otros a clavarme vienen
el agudo aguijón que el alma encona.

LXIV

Como guarda el avaro su tesoro,
guardaba mi dolor;
le quería probar que hay algo eterno
a la que eterno me juró su amor.

Mas hoy le llamo en vano, y oigo al tiempo
que le agotó, decir:
—¡Ah, barro miserable, eternamente
no podrás ni aun sufrir!

LXV

Llegó la noche y no encontré un asilo;
¡y tuve sed!... Mis lágrimas bebí;
¡y tuve hambre! ¡Los hinchados ojos
cerré para morir!

¿Estaba en un desierto? Aunque a mi oído
de la turba llegaba el ronco hervir,
yo era huérfano y pobre... ¡El mundo estaba
        desierto... para mí!

LXVI [26]

¿De dónde vengo?... El más horrible y áspero
        de los senderos busca.
Las huellas de unos pies ensangrentados
        sobre la roca dura;
los despojos de un alma hecha jirones
        en las zarzas agudas,
        te dirán el camino
        que conduce a mi cuna.
¿A dónde voy? El más sombrío y triste
        de los páramos cruza:
valle de eternas nieves y de eternas
        melancólicas brumas.
En donde esté una piedra solitaria
        sin inscripción alguna,
        donde habite el olvido,
        allí estará mi tumba.

LXVII

¡Qué hermoso es ver el día
coronado de fuego levantarse,
        y a su beso de lumbre
brillar las olas y encenderse el aire!

¡Qué hermoso es, tras la lluvia
del triste otoño en la azulada tarde,

---

[26] El penúltimo verso de esta rima lo tomó Luis Cernuda para
título de su libro *Donde habite el olvido,* Ed. Signo, Madrid, 1934.
Véase, para las fuentes de esta rima, la edición de Robert Pa-
geard citada en la Bibliografía.

de las húmedas flores
el perfume aspirar hasta saciarse!

¡Qué hermoso es, cuando en copos
la blanca nieve silenciosa cae,
de las inquietas llamas
ver las rojizas lenguas agitarse!

¡Qué hermoso es cuando hay sueño
dormir bien... y roncar como un sochantre...
y comer... y engordar...! ¡y qué fortuna
que esto sólo no baste!

LXVIII [27]

No sé lo que he soñado
en la noche pasada;
triste, muy triste debió ser el sueño,
pues despierto la angustia me duraba.

Noté al incorporarme,
húmeda la almohada,
y por primera vez sentí, al notarlo,
de un amargo placer henchirse el alma.

Triste cosa es el sueño
que llanto nos arranca,
mas tengo en mi tristeza una alegría...
¡Sé que aún me quedan lágrimas!

[27] Se ha relacionado esta rima con el poema 55 del *Intermezzo* de Heine.

LXIX[28]

Al brillar un relámpago nacemos,
y aún dura su fulgor cuando morimos:
　　　¡tan corto es el vivir!

La Gloria y el Amor tras que corremos
sombras de un sueño son que perseguimos:
　　　¡despertar es morir!

LXX

¡Cuántas veces al pie de las musgosas
　　　paredes que la guardan
oí la esquila que al mediar la noche
　　　a los maitines llama!

¡Cuántas veces trazó mi triste sombra
　　　la luna plateada,
junto a la del ciprés, que de su huerto
　　　se asoma por las tapias!

Cuando en sombras la iglesia se envolvía
　　　de su ojiva calada,
¡cuántas veces temblar sobre los vidrios
　　　vi el fulgor de la lámpara!

Aunque el viento en los ángulos oscuros
　　　de la torre silbara,
del coro entre las voces percibía
　　　su voz vibrante y clara.

---

[28] Al publicarse esta rima en *El Museo Universal* (9-IX-1866)
llevaba el título de *La vida es sueño*. Véase sobre esta rima, en
relación con un poema de Aleixandre, el trabajo del autor de
esta edición *Tres poetas frente al misterio,* en *Poesía española del
siglo XX,* Ed. Guadarrama, Madrid, 1960.

En las noches de invierno, si un medroso
por la desierta plaza
se atrevía a cruzar, al divisarme
el paso aceleraba.

Y no faltó una vieja que en el torno
dijese a la mañana,
que de algún sacristán muerto en pecado
acaso era yo el alma.

A oscuras conocía los rincones
del atrio y la portada;
de mis pies las ortigas que allí crecen
las huellas tal vez guardan.

Los búhos que espantados me seguían
con sus ojos de llamas,
llegaron a mirarme, con el tiempo,
como a un buen camarada.

A mi lado sin miedo los reptiles
.se movían a rastras.
¡Hasta los mudos santos de granito
vi que me saludaban!

LXXI [29]

No dormía; vagaba en ese limbo
en que cambian de forma los objetos,
misteriosos espacios que separan
la vigilia del sueño.

Las ideas, que en ronda silenciosa
daban vueltas en torno a mi cerebro,

---

[29] Esta rima, según Carlos Bousoño, ha podido inspirar el
poema LXIII de Antonio Machado («Y era el demonio de mi
sueño...»). Véase su *Teoría de la expresión poética*, Ed. Gredos,
Madrid.

poco a poco en su danza se movían
con un compás más lento.

De la luz que entra al alma por los ojos
los párpados velaban el reflejo:
mas otra luz el mundo de visiones
alumbraba por dentro.

En este punto resonó en mi oído
un rumor semejante al que en el templo
vaga confuso al terminar los fieles
con un *amén* sus rezos.

Y oí como una voz delgada y triste
que por mi nombre me llamó a lo lejos,
y sentí olor de cirios apagados,
de humedad y de incienso.

....
....

Entró la noche y del olvido en brazos
caí cual piedra en su profundo seno.
Dormí, y al despertar exclamé: «Alguno
que yo quería ha muerto!»

LXXII

Primera voz [30]

—Las ondas tienen vaga armonía;
las violetas. suave olor;
brumas de plata la noche fría;
    luz y oro el día;
    yo, algo mejor:
    ¡yo tengo *Amor!*

---

[30] La crítica ha señalado repetidamente la influencia de Espronceda en esta rima.

Segunda voz

—Aura de aplausos, nube radiosa,
ola de envidia que besa el pie,
isla de sueños donde reposa
    el alma ansiosa,
    ¡dulce embriaguez,
    la *Gloria* es!

Tercera voz

—Ascua encendida es el tesoro,
sombra que huye, la vanidad;
todo es mentira: la gloria, el oro.
    Lo que yo adoro
    sólo es verdad:
    ¡la *Libertad!*

Así los barqueros pasaban cantando
    la eterna canción,
y al golpe de remo saltaba la espuma
    y heríala el sol.

—¿Te embarcas? —gritaban. Y yo, sonriendo,
    les dije al pasar:
Yo ya me he embarcado; por cierto que aún tengo
la ropa en la playa tendida a secar.

LXXIII

    Cerraron sus ojos
    que aún tenía abiertos;
    taparon su cara
    con un blanco lienzo;
    y unos sollozando,
    otros en silencio,

de la triste alcoba
todos se salieron.

La luz, que en un vaso
ardía en el suelo,
al muro arrojaba
la sombra del lecho,
y entre aquella sombra
veíase a intervalos
dibujarse rígida
la forma del cuerpo.

Despertaba el día
y a su albor primero,
con sus mil ruidos
despertaba el pueblo.
Ante aquel contraste
de vida y misterios,
de luz y tinieblas,
yo pensé un momento:
¡Dios mío, qué solos
se quedan los muertos!

De la casa, en hombros,
lleváronla al templo,
y en una capilla
dejaron el féretro.
Allí rodearon
sus pálidos restos
de amarillas velas
y de paños negros.

Al dar de las Ánimas
el toque postrero,
acabó una vieja
sus últimos rezos;
cruzó la ancha nave,
las puertas gimieron
y el santo recinto
quedóse desierto.

De un reloj se oía
compasado el péndulo,
y de algunos cirios
el chisporroteo.
Tan medroso y triste,
tan oscuro y yerto
todo se encontraba...
que pensé un momento:
¡Dios mío, qué solos
se quedan los muertos!

De la alta campana
la lengua de hierro,
le dio volteando
su adiós lastimero.
El luto en las ropas,
amigos y deudos
cruzaron en fila,
formando el cortejo.

Del último asilo,
oscuro y estrecho,
abrió la piqueta
el nicho a un extremo.
Allí la acostaron,
tapiáronle luego,
y con un saludo
despidióse el duelo.

La piqueta al hombro,
el sepulturero
cantando entre dientes
se perdió a lo lejos.
La noche se entraba,
el sol se había puesto;
perdido en las sombras,
medité un momento:
¡Dios mío, qué solos
se quedan los muertos!

En las largas noches
del helado invierno,
cuando las maderas
crujir hace el viento
y azota los vidrios
el fuerte aguacero,
de la pobre niña
a veces me acuerdo.

Allí cae la lluvia
con un son eterno,
allí la combate
el soplo del cierzo.
Del húmedo muro
tendida en el hueco,
¡acaso de frío
se hielan sus huesos!...

¿Vuelve el polvo al polvo?
¿Vuela el alma al cielo?
¿Todo es sin espíritu
podredumbre y cieno?
¡No sé; pero hay algo
que explicar no puedo,
algo que repugna,
aunque es fuerza hacerlo,
a dejar tan tristes,
tan solos, los muertos!

LXXIV [31]

Las ropas desceñidas,
desnudas las espadas,
en el dintel de oro de la puerta
dos ángeles velaban.

---

[31] María R. Fernández Alonso ha relacionado esta rima con
el tema de «la muerte como amada». Ver su libro *Una visión de
la muerte en la lírica española*, Gredos, Madrid, 1971.

Me aproximé a los hierros
que defienden la entrada
y de la doble reja en el fondo
la vi confusa y blanca.

La vi como la imagen
que en leve ensueño pasa,
como rayo de luz tenue y difuso
que entre tinieblas nada.

Me sentí de un ardiente
deseo llena el alma:
como atrae un abismo, aquel misterio
hacia sí me arrastraba.

Mas ¡ay! que de los ángeles
parecían decirme las miradas:
—¡El umbral de esta puerta
sólo Dios lo traspasa!

LXXV

¿Será verdad que cuando toca el sueño
con sus dedos de rosa nuestros ojos,
de la cárcel que habita huye el espíritu
en vuelo presuroso?

¿Será verdad que, huésped de las nieblas,
de la brisa nocturna al tenue soplo
alado sube a la región vacía
a encontrarse con otros?

¿Y allí, desnudo de la humana forma,
allí los lazos terrenales rotos,
breves horas habita de la idea
el mundo silencioso?

¿Y ríe y llora, y aborrece y ama,
y guarda un rastro del dolor y el gozo,
semejante al que deja cuando cruza
el cielo un meteoro?

Yo no sé si ese mundo de visiones
vive fuera o va dentro de nosotros;
pero sé que conozco a muchas gentes
a quienes no conozco.

LXXVI [32]

En la imponente nave
del templo bizantino
vi la gótica tumba, a la indecisa
luz que temblaba en los pintados vidrios.

Las manos sobre el pecho,
y en las manos un libro,
una mujer hermosa reposaba
sobre la urna, del cincel prodigio.

Del cuerpo abandonado
al dulce peso hundido,
cual si de blanca pluma y raso fuera
se plegaba su lecho de granito.

De la sonrisa última
el resplandor divino,
guardaba el rostro, como el cielo guarda
del sol que muere el rayo fugitivo.

Del cabezal de piedra,
sentados en el filo,

---

[32] En el borrador de esta rima, que se conserva en el Museo
de Artes de Buenos Aires, figura un dibujo de Bécquer repre-
sentando una tumba gótica.

dos ángeles, el dedo sobre el labio,
imponían silencio en el recinto.

No parecía muerta;
de los arcos macizos
parecía dormir en la penumbra,
y que en sueños veía el Paraíso.

Me acerqué de la nave
al ángulo sombrío,
con el callado paso que se llega
junto a la cuna donde duerme un niño.

La contemplé un momento;
y aquel resplandor tibio,
aquel lecho de piedra que ofrecía
próximo al muro otro lugar vacío,

en el alma avivaron
la sed de lo infinito,
el ansia de esa vida de la muerte,
para la que un instante son los siglos...

Cansado del combate
en que luchando vivo,
alguna vez me acuerdo con envidia
de aquel rincón oscuro y escondido.

De aquella muda y pálida
mujer me acuerdo y digo:
¡oh, qué amor tan callado el de la muerte!
¡Qué sueño el del sepulcro tan tranquilo!

LXXVII [33]

Dices que tienes corazón, y sólo
lo dices porque sientes sus latidos;

---

[33] Publicada por primera vez en el libro de Franz Schneider
citado en la Bibliografía.

eso no es corazón...: es una máquina
que al compás que se mueve hace ruido.

LXXVIII [34]

Una mujer me ha envenenado el alma,
otra mujer me ha envenenado el cuerpo;
ninguna de las dos vino a buscarme,
yo de ninguna de las dos me quejo.

Como el mundo es redondo, el mundo rueda.
Si mañana, rodando, este veneno
envenena a su vez, ¿por qué acusarme?
¿Puedo dar más de lo que a mí me dieron?

LXXIX [35]

Fingiendo realidades
con sombra vana,
delante del Deseo
va la Esperanza.

Y sus mentiras
como el Fénix renacen
de sus cenizas.

LXXX [36]

Es un sueño la vida,
pero un sueño febril que dura un punto;
cuando de él se despierta,
se ve que todo es vanidad y humo...

---

[34] Según Rubén Benítez esta rima fue publicada por primera
vez por Eduardo de Lustonó en el artículo «Recuerdos de perio-
distas. Bécquer», en la revista «Alrededor del mundo» (núme-
ros 4 y 11 de julio de 1901).

[35] Publicada por Schneider en su libro.

[36] Incorporada a la 4.ª edición de las *Obras* del poeta (1885).

¡Ojalá fuera un sueño
muy largo y muy profundo!;
¡un sueño que durara hasta la muerte!...
Yo soñaría con mi amor y el tuyo.

LXXXI [37]

AMOR ETERNO

Podrá nublarse el sol eternamente;
podrá secarse en un instante el mar;
podrá romperse el eje de la tierra
como un débil cristal.

¡Todo sucederá! Podrá la muerte
cubrirme con su fúnebre crespón;
pero jamás en mí podrá apagarse
la llama de tu amor.

LXXXII [38]

A CASTA

Tu aliento es el aliento de las flores;
tu voz es de los cisnes la armonía:
es tu mirada el esplendor del día
y el color de la rosa es tu color.

Tú prestas nueva vida y esperanza
a un corazón para el amor ya muerto;
tú creces de mi vida en el desierto
como crece en el páramo la flor.

---

[37] Incorporada a la 4.ª edición de las *Obras* (1885).
[38] Incorporada a la 4.ª edición de las *Obras* (1885).

LXXXIII

LA GOTA DE ROCÍO [39]

La gota de rocío que en el cáliz
duerme de la blanquísima azucena,
es el palacio de cristal en donde
vive el genio feliz de la pureza.

Él le da su misterio y poesía;
él, su aroma balsámico le presta.
¡Ay de la flor, si de la luz al beso
se evapora esa perla!

LXXXIV [40]

Lejos y entre los árboles
de la intrincada selva
¿no ves algo que brilla
y llora? Es una estrella.

Ya se la ve más próxima,
como a través de un tul,
de una ermita en el pórtico
brillar. Es una luz.

De la carrera rápida
el término está aquí.
Desilusión. No es lámpara ni estrella
la luz que hemos seguido: es un candil.

---

[39] Publicada por primera vez en *La Ilustración Artística* de Barcelona, el 27 de diciembre de 1886, número homenaje a Bécquer.
[40] Publicada en *La Correspondencia de España,* el 16 de marzo de 1872.

POESÍAS ATRIBUIDAS

LXXXV

EL AMOR [41]

Yo soy el rayo, la dulce brisa,
lágrima ardiente, fresca sonrisa,
flor peregrina, rama tronchada;
     yo soy quien vibra,
     flecha acerada.

Hay en mi esencia, como en las flores,
de mis perfumes, suaves vapores.
Y su fragancia fascinadora
trastorna el alma de quien adora.

Yo mis aromas doquier prodigo
y el más horrible dolor mitigo,
y en grato, dulce, tierno delirio
cambio el más duro. cruel martirio.

¡Ay!, yo encadeno los corazones,
mas son de flores mis eslabones
     Navego por los mares,
     voy por el viento,
     alejo los pesares
     del pensamiento.
     Yo dicha o pena

---

[41] Publicada en *El Museo Universal*, número 2, 1869, como de autor anónimo. Incorporada por F. Iglesias Figueroa a sus *Páginas desconocidas de Gustavo Adolfo Bécquer*.

reparto a los mortales
con faz serena.

Poder terrible, que en mis antojos
brota sonrisa o brota enojos;
poder que abrasa un alma helada,
si airado vibro,
flecha acerada.

Doy las dulces sonrisas a las hermosas,
coloro sus mejillas de nieve y rosa,
humedezco sus labios, y a sus miradas
hago prometer dichas no imaginadas.
Yo hago amable el reposo, grato, halagüeño,
o alejo de los seres el dulce sueño.

ámame, y tú la reina
serás mañana.

LXXXVI [42]

Apoyando mi frente calurosa
en el frío cristal de la ventana,
en el silencio de la oscura noche,
de su balcón mis ojos no apartaba.

En medio de la sombra misteriosa
su vidriera lucía iluminada,
dejando que mi vista penetrase
en el puro santuario de su estancia.

Pálido como el mármol el semblante,
la blonda cabellera destrenzada,

[42] Se publicó con el título *De noche* y firmada por F. en
El Periódico Ilustrado, número 67, 1866. La incorporó F. Iglesias
Figueroa a sus *Páginas desconocidas de Gustavo Adolfo Bécquer.*

acariciando sus sedosas ondas
sus hombros de alabastro y su garganta,
mis ojos la veían, y mis ojos,
al verla tan hermosa, se turbaban.

Mirábase al espejo; dulcemente
sonreía a su bella imagen lánguida,
y sus mudas lisonjas al espejo
con un beso dulcísimo pagaba...

Mas la luz se apagó; la visión pura
desvanecióse como sombra vana,
y dormido quedé, dándome celos
el cristal que su boca acariciara.

LXXXVII [43]

Si copia tu frente
del río cercano la pura corriente
y miras tu rostro de amor encendido,
soy yo, que me escondo
del agua en el fondo
y loco de amores a amar te convido;
soy yo, que en tu pecho, buscando morada,
envío a tus ojos mi ardiente mirada,
mi llama divina...
y el fuego que siento la faz te ilumina.

Si en medio del valle
en tardo se trueca tu andar animado,
vacila tu planta, se pliega tu talle...,
soy yo, dueño amado,
que en no vistos lazos
de amor anhelante te estrecho en mis brazos;
soy yo quien te teje la alfombra florida

[43] Se publicó como de autor anónimo en el *Almanaque Litera-
rio del Museo Universal para el año 1868.* Incorporada por F. Igle-
sias Figueroa a sus *Páginas desconocidas de Gustavo Adolfo
Bécquer.*

que vuelve a tu cuerpo la fuerza y la vida;
        soy yo, que te sigo
en alas del viento soñando contigo.

        Si estando en tu lecho
escuchas acaso celeste armonía,
que llena de goces tu cándido pecho,
        soy yo, vida mía...;
soy yo, que levanto
al cielo tranquilo mi férvido canto;
soy yo, que los aires cruzando ligero
por un ignorado movible sendero,
        ansioso de calma,
sediento de amores, penetro en tu alma.

LXXXVIII

A TODOS LOS SANTOS [44]

(1 de noviembre)

Patriarcas que fuisteis la semilla
del árbol de la fe en siglos remotos,
al vencedor divino de la muerte
        rogadle por nosotros.

Profetas que rasgasteis inspirados
del porvenir el velo misterioso,
al que sacó la luz de las tinieblas
        rogadle por nosotros.

Almas cándidas, Santos Inocentes
que aumentáis de los ángeles el coro,
al que llamó a los niños a su lado
        rogadle por nosotros.

Apóstoles que echasteis en el mundo
de la Iglesia el cimiento poderoso,

---

[44] Incorporada a la 4.ª edición de las *Obras* (1885).

al que es de la verdad depositario
    rogadle por nosotros.

Mártires que ganasteis vuestra palma
en la arena del circo, en sangre rojo,
al que es fuente de vida y hermosura
    rogadle por nosotros.

Monjes que de la vida en el combate
pedisteis paz al claustro silencioso,
al que es iris de calma en las tormentas
    rogadle por nosotros.

Doctores cuyas plumas nos legaron
de virtud y saber rico tesoro,
al que es raudal de ciencia inextinguible
    rogadle por nosotros.

Soldados del Ejército de Cristo,
Santas y Santos todos,
rogadle que perdone nuestras culpas
a Aquel que vive y reina entre vosotros.

Colección Letras Hispánicas